경영성과를 높이는
마케팅 실무 매뉴얼

경영성과를 높이는
마케팅 실무 매뉴얼

나 종 호 지음

이서원

머리말

　기업의 경영활동은 Customers, Competitions, Company 등 3가지 Players에 의해서 움직인다. 따라서 기업이 보다 높은 경영성과를 창출하려면, 항상 고객의 미충족 욕구를 찾아서 이를 충족시켜주는 고객중심의 마케팅 활동이 이루어져야 하고, 경쟁사와 다른 차별화를 추구해야 하며, 회사 구성원들의 업무활동이 비전이나 경영목표에 맞게 고객을 중심으로 일관성있게 이루어져야 한다. 즉, 경영활동에 있어서 고객중심, 차별화, 일관성이 잘 이루어져야 경영성과를 높일 수 있다.

　그리고 이러한 고객중심, 차별화, 일관성은 기업의 구성원들이 맡은 업무를 수행함에 있어서 습관적으로 실천해야함은 물론이고, 실제 집행하거나 의사결정을 하기 전에 결재를 득하거나 관련 부서와의 커뮤니케이션을 위해 만드는 모든 전략 기획서에 반드시 반영되어야 한다.

　하지만 기업 현장의 실무자들은 머릿속으로는 이러한 생각과 전략적 아이디어를 가지고 있어도 이것을 실행하기위해 수립해야 하는 전략 기획서를 어떻게 만들어야 하는지, 그리고 고객중심, 차별화, 일관성을 기획서에 어떻게 반영시켜야 하는지를 제대로 알지못하고 말로만 얘기하다보니, 실질적으로 관련 부서나 윗사람을 논리적으로 설득하지 못하고, 실행은 되지 못하는 경우를 필자는 30년간 현장에서 수없이 많이 보아왔다.

그래서 실제 기업 현장에서 매일같이 실무자들이 하고 있는 신제품 개발, 마케팅 전략 수립, 중장기 마케팅 전략 수립, 차기년도 마케팅 계획 수립, 브랜드전략, 테스트 마케팅, 마케팅 보고서 작성 등을 누구나 쉽게 할 수 있도록 마케팅 실무 매뉴얼을 만들어 기업 실무자들이 자기의 생각이나 의견을 체계적으로 정리할 수 있도록 했다.

먼저 신상품 개발을 위한 상품화 기획서는 신상품의 출시 배경에서부터 마지막 시장도입 전략까지를 정리한 것으로, 최고경영층의 의사결정을 받거나 신상품개발 관련 부서와의 커뮤니케이션을 위하여 구체적으로 작성하게 된다. 상품화 기획서는 보통 1회 작성으로 완성되는 경우가 드물고, 상품화 진행단계에 따라 변동된 내용을 수정하면서 2~3회에 걸쳐 작성하게 된다.

최초의 종합 상품화 기획서는 도입 신상품에 관한 사업성 검토와 소비자조사가 완료되는 시점에 작성되고, 최종 상품화 기획서는 콘셉트가 확정되고 구체적 상품화 작업이 진행되는 시점에 최종 확정 내용을 정리함으로써 관련 부서와의 유기적인 협조체계와 업무 진행이 동시에 이루어지도록 하는 기준이 되게 한다.

이러한 상품화 기획서에 의해 상품화 작업이 완료되고 나면 마지막으로 제품을 시장에 출시하기 전 판매부서와의 커뮤니케이션을 위해 판매사원이 알아야 할 내용중심으로 제품의 개요(콘셉트, 소구 포인트, 단량, 상표, 가격, 촉진전략, 판매전략 등)를 정리한 신상품 출시 계획서를 작성하여야 한다.

특히, 상품화 기획서에는 무엇보다도 제품의 콘셉트가 명쾌하게 제시되어야 한다. 상품화 기획서는 다른 관련 부서와의 커뮤니케이션 수단인데, 이러한 상품화 기획서에 제품의 콘셉트가 애매하게 표현되어 있으면 많은 관련부서에 혼란을 주게 되고, 상품화가 상당기간 지연될 수도 있다. 특히 디자인부서 같은 경우는 제품 콘셉트가 명확해야 디자인 콘셉트를 명확히 설정하여 처음부터 차질 없이 디자인 작업을 추진할 수 있다.

기존상품의 마케팅 전략 수립은 시장환경 분석에서부터 출발한다. 먼저 기업의 목표나 비전, 철학 등을 명확히 인식한 상태에서 거시환경, 과업환경, 내부환경 등을 분석한다.

특히, 고객(Customers), 경쟁자(Competitions), 회사(Company) 등 3C분석을 철저히 한다.

다음은 시장분석을 통해 표적시장을 확인한다. 먼저 고객의 욕구에 따라 시장을 세분화하고, 각 세분된 시장의 분석을 통해 가장 매력적인 목표시장을 선정한다. 아울러 목표고객에 어떻게 인식시킬 것인가 하는 포지셔닝 전략을 수립한다.

포지셔닝은 제품 콘셉트와 제품의 위상을 소비자의 지각 속에 위치시키는 활동으로 장기개념을 유지하면서 시장 상황에 따라 포지션을 변화시킬 수 있다.

시장세분화, 목표타켓, 포지셔닝 전략 수립이 끝나면 마케팅 목표를 수립한다.

마케팅 목표는 제품 콘셉트 전달을 위한 목표, 실제 거래상의 장애요인 제거를 위한 목표로써 가능한 구체적 숫자로 나타내고, 기간개념이 들어가 있는 목표로 한다. 예를 들어 '보조인지율 60% 달성'이 아니라 '6월 현재 보조인지율 20%를 12월 말 기준으로 60% 달성'과 같이 책정한다.

마케팅 목표 수립과 동시에 마케팅 목표와 일관성 있는 마케팅 믹스 전략을 수립한다. 마케팅 믹스 요소는 제품, 가격, 유통, 프로모션 등으로 고객의 가치와 기업이윤을 극대화할 수 있도록 설계한다.

마지막으로 마케팅 전략이 효율적으로 실행되기 위해서는 전략의 수립과 동시에 실행을 위한 조직의 구성, 외부 협력기관과의 제휴, 실행된 마케팅 활동의 목표달성 정도와 문제점 파악, 그리고 그에 따른 마케팅 전략의 수정, 보완을 위한 조정 및 통제 방법 등을 명확히 제시한다.

중장기 마케팅 전략 수립은 마케팅 전략이나 신제품 개발 전략 수립 시와 마찬가지로 고객분석, 경쟁사분석, 자사분석을 철저하게 하고, 특히, 외부환경의 트렌드나 산업동향을 좀 더 심도있게 분석해야 한다.

시장환경분석을 통해 수요확대를 위한 중장기적 관점의 전략 가설 시나리오를 낙관적인 경우와 비관적인 경우로 나누어 작성한다.

전략 가설 시나리오는 이미 진출해 있는 경쟁사의 움직임과 향후 새로 진입이 예상되는 잠재적 경쟁사까지도 예상하여 작성해야 한다. 이러한 가설 하에서 자사의 중장기 성장을 위한 기본적인 전략 방향을 도출하고, 더 나아가 중장기 세부 실행 전략을 수립하게 된다.

중장기 세부 실행 전략은 기존 제품군의 포트폴리오 분석을 통해 지속적으로 육성해야 할 상품군, 수익 창출 상품으로 유지해야 할 상품군, 시장에서 퇴출시키거나 단종해야 할 상품군 등을 분리해서, 각 상품군의 마케팅 전략을 수립한다. 또한, 시장기회가 있는 신규 상품군의 진출 전략을 연도별로 수립하고, 마지막으로 전체 중장기 브랜드 로드맵을 작성해야한다.

차기년도 마케팅 계획 수립은 브랜드 매니져가 자신이 맡고 있는 브랜드에 대한 금년도 성과분석과 차기년도 시장환경을 예측하여 차기년도 브랜드별 마케팅 계획을 수립하는 것을 말한다.

차기년도 마케팅 계획 수립을 위해서는 먼저 자신이 맡고있는 상품의 카테고리 환경분석, 소비자 환경분석, 유통환경분석, 경쟁환경분석을 한다. 그리고 각각의 환경분석은 현황과 예측, 그리고 시사점과 대응방안을 간결하게 정리한다.

다음에는 차기년도 브랜드 목표 및 예산계획, 차기년도 목표달성 세부 추진전략, 그리고 차기년도 손익계획을 작성한다. 차기년도 브랜드 목표는 가능하면 숫자로 제시하고, 그 목표를 달성하기 위해 필요한 예산을 월별로 수립한다. 차기년도 목표달성 세부 추진전략은 상품 포트폴리오 구성과 제품별 세부 전략을 수립한다. 마지막으로 차기년도 손익계획은 전년도와 금년도 실적을 먼저 분석하고, 그 다음에 차기년도 손익계획을 수립한다.

이밖에도 중장기적으로 기업이 유지되고 성장하는데 결정적인 버팀목이 되는 브랜드 자산을 육성하기 위한 브랜드 전략 수립, 출시 전에 신제품을 출시하여도 될 것인가를 확인하기 위하여 일정한 지역에 한정하여 실제의 소비시장 상황 하에서 시험판매를 실시하는 테스트 마케팅, 그리고 실무자들이 매일같이 반복적으로 해야하는 월별 핵심과제 수행 보고서, 시장조사 보고서, 판촉 기획서, 판촉 결과 보고서, 광고 제작 제안서 등의 매뉴얼을 포함시켰다.

아무튼 기업에서 일하는 실무자들에게 이 책이 유익하게 활용되어, 언제 어디서나 자신감을 가지고 고객중심, 차별화의 전략을 체계적으로 정리할 수 있고, 이러한 전략을 관련 부서 모든 구성원들이 일관성있게 실행함으로써 경영성과를 획기적으로 향상시키는데 많은 도움이 될 수 있기를 기대한다.

2013년 11월
나 종 호

차 례

I 신제품 개발 전략   013
    1   신제품 개발 프로세스와 방법   015
    2   신제품 아이디어 도출 및 콘셉트 개발 방법   067
    3   신제품 개발 상품화 기획서 작성 양식   100

II 마케팅 전략   133
    1   마케팅 전략 수립 방법   135
    2   마케팅 전략 기획서 작성 양식   199

III 중장기 마케팅 전략   219
    1   중장기 마케팅 전략 수립 방법   221
    2   중장기 마케팅 전략 수립 양식   223

IV 차기년도 마케팅 계획   239
    1   차기년도 마케팅 계획 수립 방법   241
    2   차기년도 마케팅 계획 수립 양식   242

V 브랜드 전략   249
1   브랜드 네이밍 방법   251
2   브랜드 전략 수립   258
3   브랜드 관리 및 지표   270

VI 테스트 마케팅   273
1   테스트 마케팅 프로세스   275
2   테스트 마케팅 실시방법   277

VII 마케팅 보고서   279
1   월별 핵심과제 수행 보고서   281
2   시장조사 보고서   282
3   판촉 기획서   284
4   판촉 결과 보고서   285
5   광고 제작 제안서   286

신제품 개발 전략

1. 신제품 개발 프로세스와 방법

신상품 개발이란?

　신상품 개발이란 한마디로 팔리는 상품을 시장에 내놓는 작업이라고 할 수 있다. '팔리는 상품'은 '상품력'을 말하고, '상품력'은 '구매전에 갖고 싶다고 생각하게 하는 힘'과 '구매 후 잘 샀다고 생각하게 하는 힘'으로 구성되어 있다. 여기서 전자를 상품 콘셉트(Concept)로, 후자를 상품 퍼포먼스(Performance)라고 말한다. 상품 콘셉트는 소비자 니즈(Needs)를 자극하여 그 상품을 갖고 싶게 만들고, 소비자 초기 구매를 유발시킨다. 한편 상품 퍼포먼스는 소비자에게 만족을 주어 구매를 잘 했다고 생각하게 만들고, 만족된 소비자는 반복 구매를 하게 된다. 더 나아가 만족도가 아주 높은 소비자는 다른 사람에게도 구매를 하도록 충동하고, 소문을 내게 된다. 즉, 팔리는 상품이란 상품 콘셉트와 상품 퍼포먼스가 동시에 높은 상품이다.

　기업이 신상품 개발을 통하여 성장·발전하기 위해서는 무엇보다도 그 신상품이 소비자가 필요로 하는 것이어야 하고, 소비자가 갖고 있는 문제를 보다 편리하고 유용하게 해결해 줄 수 있는 것이어야 한다. 소비자가 원하지 않고, 소비자의 욕구나 불편한 점을 채워주지 못하는 신상품은 팔리지 않는다.

　따라서 우수한 신상품 개발을 위해서는 끊임없이 시장이나 소비자 니즈 변화를 정확히 분석하여 콘셉트화 하고, 소비자 니즈에 부합하는 기술적 시즈(Seeds)를 융화시켜 나가야 한다.

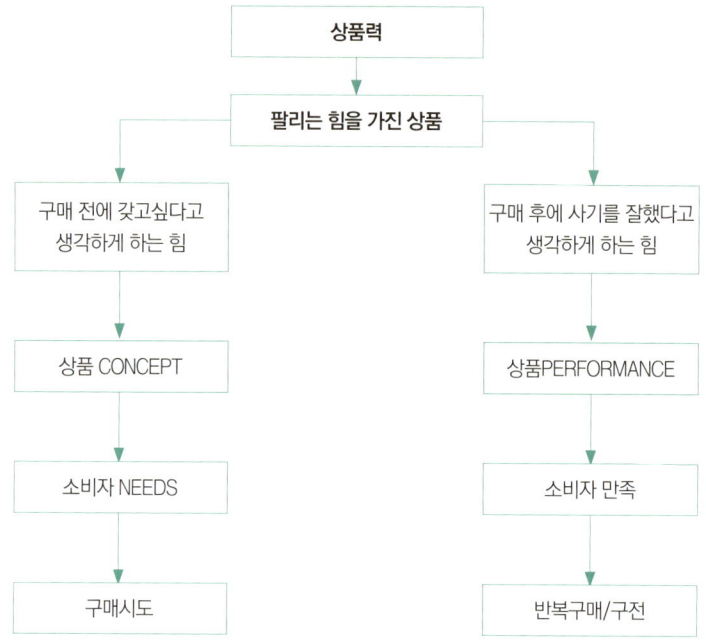

신상품 개발 프로세스와 세부 작업 방법

고객지향의 신상품 개발 프로세스는 시장에 대한 이해단계, 아이디어 도출단계, 콘셉트 개발단계, 상품화단계, 출시단계, 출시 후 관리단계로 구분해 볼 수 있다. 이 6단계를 좀 더 세분화하여 각 단계별 작업 내용과 소비자조사 방법을 설명하면 다음과 같다.

신제품 개발 프로세스

1단계 Gap Finding	2단계 Idea Generation	3단계 Concept Development/ 4P-Strategy	4단계 상품화	5단계 출시 (Launching)	6단계 출시후 관리 (Tracking)
▪ 시장분석 - 2차 자료분석 ▪ 고객 욕구분석 - 추구편익/미충 족욕구 - Needs Gap파악 ▪ Market Redefining	▪ Opportunity Mapping - 신제품 시장기회 및 가설적 Concept 방향 설정 ▪ 시장 세분화/표적시장/포지셔닝 전략 ▪ 전사적 관점 고려 후 결정	▪ 1,2단계에서 선정된 표적시장이 추구하는 가치를 기초로한 가설 콘셉트 문안 개발 ▪ Concept Screening및 확정 ▪ 마케팅4P전략 수립 - 브랜드전략 - 제품 전략 - 가격 전략 - 유통 전략 - 프로모션 등	▪ 콘셉트에 맞는 상품화 - Formula - Branding - BI작업/Design ▪ 종합상품력 평가 - C&U Test - 상품개발위원회 최종 심의 확정	▪ 광고 및 판촉 전략 수립 - 광고 Pretest - 채널 특성에 따라 다르게 ▪ Test Marketing ▪ 런칭 계획 수립 - 초도량 - 포장단위 - 생산/원료 등 - 연간 판매 계획 ▪ 신제품 교육 ▪ 신제품 발매	▪ 마케팅 믹스 전략 전개 ▪ Tracking Survey - 소비자 지표 관리 ▪ 전략 수정·보완

1. 시장 분석 단계

분석 내용	분석 방법	샘플수/기타(예시)
▪ 시장변화/경쟁구도/시장규모 ▪ 소비자 인식, 태도, 사용 습관 ▪ 만족/불만족점 ▪ 소비자 욕구 파악 ▪ 시장 기회/강약점 분석	2차 자료 분석	
	매장 관찰 조사	
	A&U조사(전화조사)	300명/7일
	포지셔닝 조사(개별면접)	300명/25일
	FGD	4그룹/15일

시장분석 방법

이 단계에서의 목적은 구매/사용 행태, 사용자 현황(User Profile), 시장구조/경쟁상황, 각종 환경적 요소 등을 분석하고 이해하는 것이다.

조사방법으로는 2차자료 분석, 매장관찰 조사, A&U(Attitude & Usage) 조사, 포지셔닝 조사 중 필요한 정보의 양과 질에 따라 한 가지 혹은 두 가지 이상의 적당한 조사 방법을 선택하는데 일반적으로 2차 자료 분석은 필수 수단으로 취급된다.

조사내용을 보면 어떤 조사 방법을 택하더라도 다음의 중요 사항에 대한 정보/자료는 필히 얻을 수 있도록 해야 한다.

즉, 시장규모/추세, 경쟁자 수와 위치(매출액, M/S 등)와 같은 시장 구조/경쟁 구조에 관한 정보나 사용자 현황(User Profile), 구매장소/시기/양/가격, 만족점/불만족점과 같은 구매/소비 행태에 관한 정보, 그리고 내부 자원환경, 사회/문화적 환경과 같은 각종 환경에 대한 정보 등이다.

얻어야 할 정보의 양이나 깊이에 따라 전화조사, 개별면접 중 적절한 수단을 선택한다.

본 조사는 신제품 아이디어를 얻기 이전에 실시하는 기초 조사이므로 다음 단계부터 진행되는 소비자/시장정보를 정확하게 이해할 수 있는 토대를 제공해야 하며, 평가항목이나 방법에 대한 타당성을 높이는 역할을 하는 매우 중요한 단계이므로 유의해야 한다.

2. 아이디어 도출 단계

분석 내용	분석 방법	샘플수/기타(예시)
▪ 기존 제품의 구매/사용 정보 ▪ 불만점/개선점 ▪ 신제품/제품확장/리뉴얼	▪ 실무자/관련자 의견 - 아이디에이션 ▪ 소비자 의견 - A&U - FGI (Focus Group Interview) ▪ 해외 자료	FGI 4~6그룹

아이디어 도출 방법

이 단계에서는 서로 차별화 되는 신제품 아이디어나 기존 제품 개선/리뉴얼(renewal) 아이디어를 가능한 한 다양하고 많이 추출해야 한다.

아이디어 추출방법 혹은 아이디어의 원천에는 크게 나누어

① 실무 담당자/관련자
② 연구소/공장

③ 유사제품/관련제품

④ 소비자의견/경험-A&U(Attitude & Usage), FGI(Focus Group Interview), In-depth 등의 네 가지 방법이 있다.

위의 네 가지 방법 중 가장 타당성이 높은 소비자 의견/경험 추출 방법을 사용할 경우 FGI, GD(Group Dynamics), In-depth 등의 정성적인 기법을 주로 활용하는데 어떤 기법을 채택하더라도 아래의 내용을 필히 포함해야 한다.

① 현재 사용하고 있는 경쟁제품, 유사제품 혹은 자가제품의 구매/사용에 관한 기초 정보
② 현재 느끼고 있는 혹은 경험한 불만점/개선점의 열거 및 분류
③ 열거된 불만점들에 대한 개인적인 해결방법
④ 열거된 불만점들에 대한 품질관련 요소와 이미지 관련 요소에 대한 의견
⑤ 개인별 혹은 소그룹별 새로운 상품 아이디어 추출 - 많을수록 좋다. 현실적인 제약 조건을 무시
⑥ 새로운 상품 아이디어에 대한 다른 사람들의 견해, 평가, 제언, 개선

정성적인 기법을 사용할 때는 통계적인 의미보다는 심층적/구체적인 정보를 필요로 할 때이다.

이런 심층적인 정보는 관점에 따라 전혀 다르게도 해석될 수 있으므로 실행시에는 마케팅, 연구소, 조사, 디자인, 광고, 공장 등 관련자들의 적극적인 참여로 조사설계부터 진행 관찰, 결과 정리까지 해야 하며, 매 그룹 진행 후 현장에서 즉시 관련자 미팅을 통해 관점을 정리하고 최종 그룹 종료 후 3일 이내 1차 결과를 도출해야 한다.

3. 콘셉트 개발단계

분석 내용	분석 방법	샘플수/기타(예시)
▪ 1차 콘셉트 개발 및 스크리닝 - Statement Concept화(10~15개) - Screening(3~5개 선정) - 선호도/독특성/구매의향 등 파악	▪ 개별면접(PI) or CLT - Rank ordering ※ Half-split sorting ▪ Top 1~2와 Bottom 1~2 이유	300명/20일
▪ 2차 콘셉트 개발 및 스크리닝 - 1차 선정된 3~5개를 Full Concept화 - Screening(Winner Concept결정) - A&U정보/주요속성 비교 평가 - 선호도/독특성/중요도/구매의사 등	▪ Monadic으로 경쟁품과 비교 - 개별면접 ※ 후보안간 직접비교-추가질문으로 ※ 포지셔닝 분석	450명 (3개 후보안 기준)

콘셉트 개발방법

이 단계에서는 전 단계에서 추출된 상품화 아이디어를 소비자들이 금방 이해할 수 있도록 간단 명료하게 특징을 기술한 콘셉트로 만드는 것을 목적으로 한다.

콘셉트는 상품개발 관련 관계자들의 협의와 공동작업을 통해 개발되며 보통 3번 정도의 모임을 통해 완성된다. 첫 번째 모임은 추출된 아이디어의 내부선정, 분류하여 초안을 작성하고, 관계자 개인별 초안을 검토하고 제언을 한다.

두 번째 모임에서는 개인별로 검토한 초안에 대한 공동의견을 수렴하고, 마지막 모임에서는 검토, 수정 후에 확정한다.

추출된 아이디어를 정리할 때 소비자들이 요구한 대로 정확하게 반영하되 작위적 해석은 금지하며, 표현 방법도 소비자들의 언어로 표현하는데 이때 공통적으로 이해할 수 있는 표현이 중요하다.

각각의 콘셉트(concept)가 뚜렷하게 차별화 되도록 소비자 관점에서 구분하고 표현해야 한다.

관계자 전원의 자발적이고도 실질적인 참여와 공헌이 가장 중요하며, 만일 이 단계에서 적극적인 참여와 가치 있는 공헌을 하지 않는 관계자가 있을 경우 앞으로 진행 될 개발 단계에서 제외시키는 것이 원칙이다.

전 단계에서 완성된 많은 가설 콘셉트(Statement Concept) 중 소비자 선호도가 높을 가능성을 기준으로 3~5개를 선별하거나 혹은 복수의 관심 제품군/카테고리(category)에 대한 진입의 우선 순위를 검증한다.

가장 보편적으로 소비자 정량조사를 이용(개별면접 혹은 CLT-Central Location Test)하고 복수의 콘셉트를 패널 구분 없이 모든 응답자에게 제시하여 우선 순위를 평가한다(Forced Rank Ordering).

콘셉트 후보안 간 우선 순위 분류가 가장 중요한 내용인데 이 단계에서는 경쟁제품과의 비교는 하지 않는다.

테스트할 콘셉트의 수가 총 10~15개 정도이면 위의 조사 방법을 그대로 채택 가능하나 만일 아이디어가 많거나 관심 제품군의 수가 하나 이상일 경우 테스트 콘셉트의 수가 15개 이상일 가능성이 많은데 이 경우는 별도의 패널(200명)을 추가한다.

전 단계에서 1차 선정된 3~5개의 가설 콘셉트를 완전한 형태의 풀 콘셉트(Full Concept)로 만드는 작업과 전 단계의 소비자 평가/선정 이유를 분석하여 더 가다듬는 작업을 한다.

팀 공동 작업을 하는데 3단계 1차 콘셉트개발 시와 같은 방법을 적용한다.

3단계와 중요하게 다른 점은 3단계보다 좀 더 구체적이고도 자세한 제품의 특징을 표현해야 하므로 시간이 더 소요되고, 3단계와는 달리 경쟁제품 1~2가지의 콘셉트를 준비해야 한다.

풀콘셉트 보드(Full Concept Board) 구성요소는

① Headline, Head Copy, or CBP(Core Benefit Proposition) - 주 소구점 한 가지
② Body Copy, Characteristics, or Product Features - 제품의 차별적 특징 기술 3~4가지
③ 용법, 용량, 가격에 대한 정보

④ 제품 혹은 콘셉트를 가장 잘 나타낼 수 있는 제품 사진 또는 다른 시각적(Visual) 요소이다. 이 단계에서는 특히 광고 대행사나 디자이너의 창의력이 매우 중요하다.

4. 상품화 단계

Product Test

분석 내용	분석 방법	샘플수/기타(예시)
▪ 시제품의 품질력 평가 - 선호/비선호 이유 - 속성별 경쟁품 비교 평가/이유	HUT(Home Use Test) ※ CLT/Gang Survey/FGI 등도 활용가능	200~400명

브랜드/디자인

분석 내용	분석 방법	샘플수/기타(예시)
▪ 사전Screening - 브랜드네임 5개 내외로 압축 - 디자인 2~3개 압축	CLT/Gang Survey/개별면접 ※ Rank ordering - Top/Bottom 1~2 이유 - 선호도와 콘셉트 적합성, 구매의사 등 Rank ordering	150~300명
▪ 스크리닝 단계서 선정된 3~5개의 브랜드네임/디자인 후보안 최종선정 - 상기력/연상이미지/구매하고 싶은 이유 - 세부 관련 속성 평가	▪ CLT/Shop Simulation - 경쟁품 비교 평가 ※ Shop Simulation - 후보 3종-300명(Monadic평가)	브랜드/디자인 150~300명

상품화 방법

신제품 콘셉트에 가장 잘 부합되는 품질 확보, 상표 후보안, 포장/디자인 등 패키지 후보안 개발을 한다.

보통 상표 후보안은 적게는 20개 내외 많게는 50개 이상 나오므로 다음 단계에서 최종 확정하기 전에 1차 예비 선정 단계가 필요하며, 본 단계를 거쳐 상표의 경우 5개 내외, 패키지의 경우 2~3가지 내외로 압축시킨다.

조사방법은 CLT, Gang Survey, 개별면접 등이 있다.

복수의 후보안을 응답자 한 사람에게 모두 제시하는 Rank Ordering 방법을 사용한다.

이 단계와 다음 단계는 전 단계에서 콘셉트가 어느 정도 확정되면 바로 작업에 들어가 다음 단계 상품력 종합 평가에 차질이 없도록 하여야 하며, 실제적으로 이 단계의 작업에 가장 많은 시간이 들기 때문에 제품 콘셉트에 대한 기본적인 방향이라도 확장되면 가능한한 일찍 신속하게 작업을 진행하는 것이 좋다.

품질평가는 신제품의 품질 자체에 대한 경쟁제품과의 비교평가를 하고, 상표/패키지 평가는 전 단계에서 일차 선정된 3~5개의 상표, 패키지 후보안에 대한 최종 선정작업을 한다.

품질 평가로는 상표와 콘셉트를 노출시키지 않은 상태에서 품질에 대한 브라인드 테스트(Blind Test), CLT, HUT, Gang Survey, FGI 등의 이용 가능한 기법 중 HUT가 가장 신뢰도가 높다. 상표/패키지 평가로는 실제 상황에서 복수의 경쟁제품들과 비교 평가로 최초 구매 유인력을 검증한다.

상황에 따라 CLT기법을 이용할 수도 있으나 샵 시뮬레이션(Shop-Simulation)이 가장 바람직하다.

품질 평가로는
① 테스트 제품 사용실태
② 경쟁제품 선호도 직접비교/선호비선호 이유
③ 중요 세부 속성별 경쟁제품 비교평가/이유(역시 Numeric Scheme 이용) 등
  을 평가하며,

상표/패키지 평가로는
① 상기력 평가

② 상기 제품관련 연상

③ 구매하고 싶은 제품/이유

④ 구매하고 싶지 않은 제품/이유

⑤ 콘셉트와의 어울림 평가(테스트제품)

⑥ 세부 관련 속성 평가(테스트제품과 경쟁제품) 등을 한다.

품질평가에서 주의할 것은 리딩 경쟁제품 혹은 관심 경쟁제품과 최소한 동등 이상의 평가를 받을 때까지 반복조사를 해야하며, 상표/패키지 평가시에는 가상 매대에 진열할 경쟁제품 세트구성과 진열방법에 따라 평가에 차이가 나므로 매우 신중하게 선택할 필요가 있다.

C&U

분석 내용	분석 방법	샘플수/기타(예시)
▪ 콘셉트/품질력 종합 평가 - 콘셉트/디자인/포장/브랜드명 등 이미지 관련항목이 품질 평가에 미치는 영향 검증 ▪ 1차 방문 - 경쟁품 인지도/기초 A&U/콘셉트 평가 　(상기도, 연상, 독특성, 구매의사 등) ▪ 2차 방문 - 유치제품 사용정보 - 경쟁품과 선호도 비교/이유 - 속성별 비교 평가 - 독특성/중요성/필요성/구매의사 등	CLT/Shop Simulation HUT	200~400명

C&U 테스트 방법

콘셉트 스크리닝을 거쳐 1차 선정된 3개 내외의 후보안 중 시장 가능성이 가장 높은 안을 결정한다. 모나딕(Monadic)으로 주 경쟁제품과 비교 평가한다.

이 경우 개별면접의 정량조사가 가장 신뢰성이 높다. 경쟁제품과의 직접 우열비교 평가와 더불어 시장에서의 '지위'를 추정하기 위해 포지셔닝 분석을 실시한다.

즉, 소비자 니즈 구조(Needs Structure)와 시장 구조(Market Structure)를 고려한 비교 평가를 한다.

조사내용으로는

① 경쟁상표 인지도 측정 ② 구매/사용에 관한 A&U(Attitude & Usage)정보
③ 응답자별 평가 대상 선정을 위한 이보크 세트(Evoked Set)구성
④ 콘셉트 테스트 : 전반적 선호도/이유, 독특성/이유, 중요도/필요성/관여도, 신뢰도, 이해도, 구매의사 등
⑤ 주요 속성 비교 평가,
⑥ 기타 관련 질문 등을 실시한다.

비교 대상인 경쟁제품 선정시 현 시장의 M/S 리더로 할 것인가 또는 M/S와 무관하게 다른 기준을 적용할 것인가에 대해 가설에 입각하여 분명한 이유를 가지고 결정해야 한다.

또한, 후보안 간의 우열비교는 모나딕(Monadic)형식으로 경쟁제품이라는 컨트롤러(controller)를 통해 간접적으로 이루어지므로 필요시 2차 판단 기준으로 활용하기 위해 직접 비교질문의 추가가 가능하다.

콘셉트와 품질을 종합적으로 실제 상황과 가까운 환경에서 경쟁제품과 비교 평가하고, 콘셉트, 디자인, 포장, 상표 등 이미지 관련 항목이 품질 평가에 미치는 영향력을 검증한다.

즉, 실제 출시를 가상한 시장에서의 비교 포지셔닝 상태(Comparative Positioning Status)를 측정하는 작업이다.

따라서 이 단계의 조사 결과를 가지고 출시 후 1~2년 간의 단기 수요 예측을 실시할 수도 있다.

실제 소비 상황과 가장 근접한 환경에서 비교 평가를 하는 것이 좋으므로 HUT(Home Use Test) 방법을 이용한다.

1차 방문시에는

① 경쟁 상표인지도 측정,

② 기초 A&U 정보,

③ 콘셉트 평가 : 상표상기, 연상, 독특성, 중요도/필요성, 구매의사 등을 측정한다.

2차 방문시에는

① 테스트 제품 사용에 관한 정보,

② 경쟁제품과 선호도 직접 비교 평가/이유

③ 기타 세부 속성 비교 평가

④ 테스트 제품 독특성, 중요도/필요성, 구매의사 측정 등을 한다.

특히, 실제 소비 상황에 가장 근접하도록 조사 환경을 설정하는 것이 매우 중요하다.

5. 출시 단계

광고 사전 테스트

분석 내용	분석 방법	샘플수/기타(예시)
▪ 광고의 차별성/제품 특성 반영 여부 - On-air전	▪ CLT/Gang Survey - Rough-Ad test - Finished-Ad test	100명(1편당)

광고 사후 테스트

분석 내용	분석 방법	샘플수/기타(예시)
▪ 광고 효과 측정(WAR Tracking) - 광고 On-air 후	전화 면접	300명(6주)

상품 출시 방법

상품화 및 종합상품력 평가가 완료되고 나서 마지막 출시를 위해 광고, 판촉계획 수립, TV-CF제작, 출시계획서 발송, 사내교육 등을 실시하는 단계이다.

광고 사전 테스트시 비교대상 광고의 형태가 테스트 제품광고와 같아야 하고 지나치게 소비자 인지도가 높으면 곤란하다.

Rough Ad Test는 Animatic 광고를 사용, 개별면접 또는 Gang Survey로 테스트하며 간혹 FGI(Focus Group Interview)를 이용할 수도 있다.

출시단계에서는 무엇보다도 마케팅과 영업부서 간의 커뮤니케이션이 중요하며, 사내 직원들에게 제품지식을 숙지시키도록 해야한다.

6. 출시 후 관리 단계

분석 내용	분석 방법	샘플수/기타(예시)
▪ Tracking Survey - 소비자 반응 파악 - 인지율/구매율/사용률/재구매율/구매 의향 등 지표변화 파악	전화 면접 (2개월/분기 단위)	300명

상품 출시 후 관리 방법

신제품 출시 후 2~3개월 간격으로 전화조사, 개별 면접조사를 병행 혹은 단독으로 실시한다.

조사내용으로는

① 사용자 현황(User profile)분석(소비자 세분화 분석-최초구매, 반복구매, 구매행태, 소비행태, 향후 의향 등)
② 제품 인식에 관한 분석(인지도, 인상/연상, 불만점/개선점)
③ 제품 속성에 관한 평가(경쟁제품 대비 속성 비교 평가) 등을 한다.

제품의 구매주기에 따라 조사시점을 조정할 필요가 있는데 주기가 긴 것은 4~5개월 후, 짧은 것은 2~3개월로 하고, 본 단계 조사결과와 출시 전에 포지셔닝 조사 결과를 비교 분석해야 한다.

그래서 기존의 전략을 수정하거나 보완하는 작업을 계속하고, 궁극적으로 당초에 계획했던 브랜드 아이덴티티가 하나의 브랜드 이미지로 형성되어 시장에서 롱런하는 브랜드가 될 수 있도록 브랜드 관리를 계속해 나가는 것이다.

이러한 브랜드 관리 노력에 의해 결국 하나의 브랜드 자산이 탄생되고, 이러한 브랜드자산은 기업이 유지되고 성장하는데, 결정적인 버팀목이 되는 것이다.

신상품 개발 기준 및 평가

신상품 개발 기준은 기업에 따라 다르게 정할 수 있으나, 일반적으로 양적기준과 질적기준으로 나누어 평가할 수 있다.

1. 양적 기준에 따른 출시여부 결정

부진제품 양산을 막고, 효율적으로 신상품을 출시하기 위하여 신상품의 성격에 따라 예상매출의 기준을 달리 적용하여 출시 여부를 결정한다. 즉, 출시 후 일정기간 경과 시점의 예상매출이 일정액 이상이 될 것으로 예상되는 경우에만 어떤 신상품을 출시한다는 기준을 정하되, 그 기준 매출액은 혁신형 신상품인가, 개량형 신상품인가, 아니면 구색상품인가 등에 따라 다르게 정한다.

한편 양적 기준에 부합하지 않아도 예외규정을 두어 회사의 이미지를 현저히 높이는 제품이나 시너지효과를 가져다 줄 수 있는 제품 등은 출시하기도 한다. 양적 기준은 반드시 예상 매출액만 가지고 정하는 것은 아니며 이익이나 비용을 기준으로 하여 정할 수도 있고, 매출과 이익을 동시에 기준으로 하여 정할 수도 있다.

질적 기준에 따른 출시여부 결정은 질적 기준의 항목을 정하고 각 항

2. 질적 기준에 따른 출시여부 결정

목을 7점이나 5점 척도로 평가하여 결정하는 방식이다. 이때 평가 주체는 신상품 개발과 관련된 부서의 핵심인력으로 구성된 평가위원회가 되는데, 최근에는 보다 고객지향적인 신상품 개발을 위해 평가위원회에 소비자를 처음부터 참여시키는 경우도 있다.

질적 기준은 기업 이미지와의 적합성, 기술가능성, 차별성, 경제성, 마케팅 전략의 적합성 등을 평가하며, 평가결과표를 작성하여 신상품위원회 회의시 제출하여 신상품 과제화 선정이나 신상품 출시 승인을 위한 기초자료로 활용하게 된다.

신상품 평가를 위한 질문지의 예

1   회사의 이미지 및 사회적 가치에 적합하겠습니까?

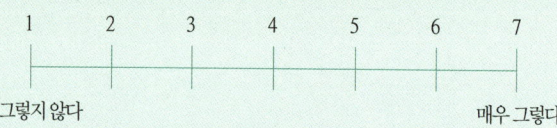

2   고객이 진정한 가치를 느끼겠습니까?

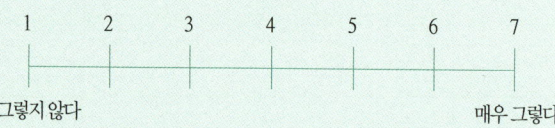

3   기존의 기술, 인력, 노하우(Know-How)로 제품화 가능성은 있습니까?

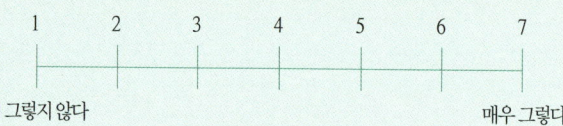

4   새로운 제품, 시장기회를 제공할 수 있겠습니까?

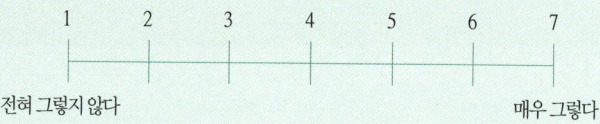

5   영업, 물류, 생산 등 관련 부서에서는 호의적이겠습니까?

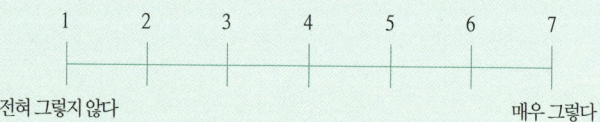

6   상표명은 얼마나 호감을 주리라고 평가하십니까?

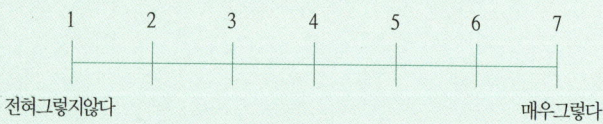

7 디자인(색상, 스타일)은 얼마나 호감을 주리라고 평가하십니까?

  1   2   3   4   5   6   7
  전혀그렇지않다   매우그렇다

8 포장은 얼마나 호감을 주리라고 평가하십니까?

  1   2   3   4   5   6   7
  전혀그렇지않다   매우그렇다

9 가격은 적절하다고 평가하십니까?

  1   2   3   4   5   6   7
  전혀 그렇지 않다   매우 그렇다

10 상표명은 차별적이라고 평가하십니까?

  1   2   3   4   5   6   7
  전혀 그렇지 않다   매우 그렇다

11 디자인, 포장은 차별적이라고 평가하십니까?

  1   2   3   4   5   6   7
  전혀 그렇지 않다   매우 그렇다

12 품질면에서 차별성이 있다고 평가하십니까?

  1   2   3   4   5   6   7
  전혀 그렇지 않다   매우 그렇다

13 유통방법은 적합하다고 평가하십니까?

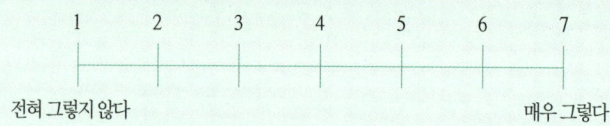

14 시장도입전략(광고, 판촉, 시기 등)은 적합하다고 평가하십니까?

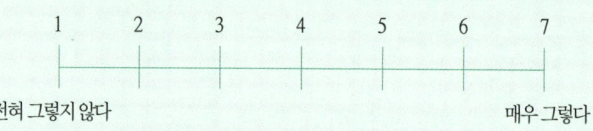

15 단량은 적합하다고 평가하십니까?

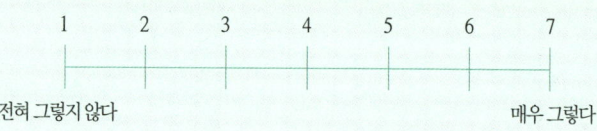

신상품 처방 개발

1. 시제품 개발

확정된 콘셉트에 따라 기능상의 핵심 편익을 제공해 줄 수 있도록 제품처방(Formula)을 완료하고, 형태, 크기, 컬러 같은 형상을 결정한다. 시제품개발 단계에서는 상품개발 담당자와 연구원, 공장 엔지니어 등은 수시로 접촉하며 서로의 의견을 교환하고, 협력해야 한다. 제품처방은 꼭 콘셉트가 최종 확정된 시점부터 준비하는 것은 아니며, 가설 콘셉트 단계에서부터 부분적으로 개발에 들어가는 경우가 많다.

2. 시제품의 평가

개발된 시제품을 소비자가 어떻게 평가하는지를 알기 위하여 제품테스트를 해야 한다. 시제품 테스트는 소비자가 실제로 그 제품을 사용하는 것과 같은 상황에서 실시하는 것이 바람직하다. 그렇게 해야만 시제품이 실제상황에서 제대로 기능을 발휘하는지를 확인할 수 있기 때문이다. 시제품 테스트 방법에는 실험실 테스트, 전문가에 의한 평가, 소비자 테스트 등이 있다.

실험실 테스트

자동차 엔진의 효율성 테스트 같은 제품성능에 관한 결과를 쉽게 파악할 수 있는 방법이다. 이 방법은 제품사용 상황을 완전히 반영하지 못하고, 기술적인 관점에서만 평가하기 쉽다는 결점이 있다. 즉, 이 방법은 기술적인 것 외에 소비자가 감성적으로 느낄 수 있는 편익을 제대로 평가할 수 없어 별도로 소비자 테스트를 실시해야 한다.

전문가의 평가

관련 전문가의 판단에 의한 방법으로 소비자가 지각하는 편익 측면의 평가에 주로 이용된다. 이 방법은 비용이 적게 드는 장점이 있으나, 전문가의 판단이 반드시 소비자의 주관적인 지각을 대변한다고 볼 수 없는 단점이 있다.

소비자 테스트

신제품 테스트에서 가장 중요한 방법으로 소비자의 지각에 의하여 시제품에 대한 전반적인 평가를 한다. 흔히 HUT(Home Use Test)나 CLT(Central Location Test)방법을 사용하되, 소비자들에게 상표를 노출시키지 않고 시제품과 비교제품을 평가하는 블라인드 테스트(blind test)방식을 택한다. 또 이러한 시제품 평가시에는 콘셉트 조사와 병행 실시하여 콘셉트만을 보고 평가했을 때와 실제 제품사용 후의 평가가 어떻게 다른지를 확인하고, 콘셉트 조사결과보다 시제품 반응이 훨씬 나쁘게 나타난 부분을 찾아 시제품을 다시 보완 수정하는 절차를 거쳐야 한다.

3. 시제품 처방 확정   시제품에 대한 테스트와 보완, 수정 작업을 반복하여 최종 처방을 확정한다.

신상품 디자인 및 포장개발

1. 디자인의 중요성   히트상품 개발을 위한 기술경쟁과 많은 마케팅 자원 투입은 기업에 큰 부담이다. 따라서 이에 대한 대안으로 많은 기업들이 디자인개발에 힘을 쏟고 있다. 특히 세계 유명기업들이 치열한 디자인 경쟁시대를 맞고 있는데 반해 우리나라는 디자인보다는 아직도 기술 쪽에 의지하려는

경향이 있다. 지금까지는 디자인이라는 분야를 형태나 색채를 결정하고, 제품 개발에 종속적으로 이루어지는 지극히 단순한 영역으로만 여겨왔다. 하지만 디자인이란 상품에 시각적인 매력을 부여하는 기본적인 역할뿐만 아니라 유행에 적합한 변화를 추구하면서 새로운 생활의 가치를 창조하는 감성적인 분야로 볼 수 있다. 또한, 사용환경이나 관련 시스템과의 상호관계까지도 충실히 고려해야만 사용자에게 감동을 주게 되고, 경쟁력의 원천이 된다. 정보화시대, 무한경쟁의 시대를 맞아 기업 간의 기술정보의 공유가 쉬워지고 있다. 따라서 제품의 성능이나 기능의 차별화만으로 자사의 우월성을 고집하는 것은 한계가 있고, 상품 브랜드에 대한 신뢰성이나 상품이미지를 구성하는 비가격적 부가가치 요소로써 디자인의 중요성을 새롭게 인식하지 않으면 안 된다.

2. 소비자 욕구충족으로써의 디자인과 디자이너의 역할

과거 기업경영의 주체는 메이커 지향이었다. 생산자 의도대로 일단 만들기만 하면 시장에서 팔렸기 때문에 단순히 제품을 만드는 것에만 주력했다. 하지만 이제는 만들어 놓고 팔리기만을 기다리는 수동적 자세로는 급변하는 무한경쟁시대에 살아남기 어렵다. 결국, 소비자속으로 파고들어 그들이 가지고 있는 가치와 욕구를 발견하고 이를 제품 개발로 연계시킴으로써 소비자 욕구를 충족시켜 주어야 한다.

소비자 욕구 변화

기업내 디자인은 고객의 욕구를 찾아내 그것을 제품 개발 조직의 중심부에 불어넣는 분야이다. 더욱이 신기술을 시각적 언어로 바꿔, 시장에서 고객에게 제공함으로써 생활의 변화를 주도해야 할 역할을 지니게 된다. 즉, 디자이너는 회사 안팎의 다양한 부문으로부터 정보를 수집, 종합하여 제품 개발의 방향을 설정하는데 적극적이고, 능동적으로 참여해야 한다. 수많은 제품들이 홍수처럼 쏟아져나오는 오늘날 소비자들의 구매의욕을 불러 일으킬 수 있는 좋은 이미지와 매력적인 형태를 갖춘 제품을 디자인해 내는 것이 기업의 성패와 직결됨을 잊어서는 안 된다.

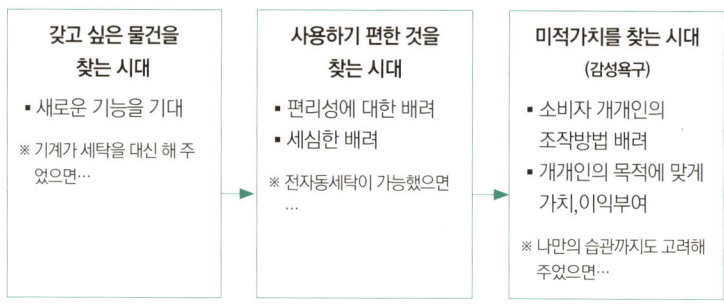

앞으로의 시장은 독창적인 디자인과 같은 소프트(soft)한 가치가 제품 경쟁력의 필수 요소로 자리잡을 것이며 따라서 사람들에게 만족감을 주는 것은 물론 인간의 마음까지도 감동시킬 수 있는 인간중심적 디자인이 중요시 될 것이다.

디자이너는 고객의 취향과 시장상황의 변화를 직시하여 소비자 욕구 변화를 파악한 다음, 그것을 신제품 전략의 수립과정에서 올바르게 반영시켜야 하는 책임이 있다. 또한, 현재의 소비자 욕구뿐 아니라 미래의 욕구를 미리 예측하여 고객의 욕구를 선도하는 이른바 욕구창출 역시 디자이너의 중요한 임무라 할 수 있다.

신제품 전략의 수립 및 시행과정의 디자이너 역할

주도적 역할	전략수립 전 단계 또는 초기 단계에 신제품 아이디어나 콘셉트 제시, 전략적 대안 제시 등을 통하여 전략수립을 주도함
참여적 역할	신제품 전략수립 단계에 신제품 전략 수립을 위한 회의에 참여함
추종적 역할	전략시행 단계에 이미 수립된 신제품전략에 따라 디자인을 수행함 ※ 국내 많은 기업들의 디자인 부서 역할이 아직 이러한 추종적 역할 수준에 머무르고 있다.

3. 제품포장 디자인의 기능

제품 포장디자인은 그 제품의 이미지를 만드는 작업으로 이 이미지가 판매를 좌우하게 된다. 포장디자인은 용기, 포장과 같은 package 디자인과 운반시의 제품보호를 위한 패킹(packing)으로 구분한다.

용기, 포장과 같은 패키지(package)디자인의 역할이나 기능으로써 사용성, 보호성, 심미성, 경제성, 환경성, 차별성 등을 들 수 있다. 사용이 편리하고, 안전성을 느낄 수 있어야 하며, 시각적으로 눈에 띄고, 품질이나 성능이 좋을 것 같은 느낌을 줄 수 있어야 한다. 뿐만아니라 경제적이고, 환경적이면서 제품의 이미지를 잘 전달해 주는 디자인이어야 하고 패키지 그자체가 하나의 광고로써 소비자에게 인식시키고자하는 제품의 이미지나 콘셉트가 담겨져 있어야 한다. 이러한 요소들이 종합적으로 믹스되어 그 제품의 가치를 향상시켜주고 소비자 만족을 가져다 줄 수 있어야 한다.

포장의 분류

구분	내용
주포장	제품을 직접담는 용기
부포장	주포장을 보호 제품 사용시 버리는 추가 포장이나 보호기능과 구매촉진 효과 제공 ※ 종이지함
적송포장	보관 식별이나 수송을 위해 필요한 포장 ※ 골판지같은 아웃박스 상자

포장이 구비해야 할 기본적 특성
 - 물리적 특성 : 견고성, 수납성, 보존성, 사용성, 물류성 등
 - 정보 전달성 : 판촉성 - 주목성, 구매의 자극성, 매력성, 선택 선호성
             표현성/커뮤니케이션성 - 상품특징의 전달, 효능, 효과의 표현

용기디자인 테스트 (CLT) 설문의 예

화장품 용기

면접원에게 제품이 진열되어 있는 장소로 응답자를 안내하십시오. 응답자가 진열대의 제품을 충분히 살펴볼 수 있는 시간을 준 후 면접을 진행하십시오. 지금 앞에 3가지 제품 종류가 1세트로 구성된 각기 다른 A, B, C 디자인의 화장품 용기가 앞에 놓여 있습니다. 각 용기를 천천히 충분히 살펴보아 주십시오.

문1 지금 보신 3가지 종류의 용기 그래픽 디자인 각각에 대해 얼마나 마음에 드시는지 아래와 같이 7점 척도로 표시해 주십시오.

문2 지금 보신 각 화장품 용기디자인이 다음 각 문장에 얼마나 어울린다고 혹은 어울리지 않는다고 생각하시는지 동의하시는 정도를 말씀해 주십시오. 정말 그렇다고 생각하시면 '7점'을, 전혀 그렇지 않다면 '1점'을 주시고 그 중간 정도라면 정도에 따라 중간의 숫자를 선택해 주십시오.

문2-1 용기의 글자체(로고)가 마음에 든다.

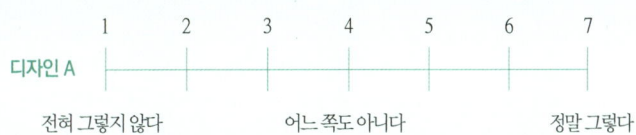

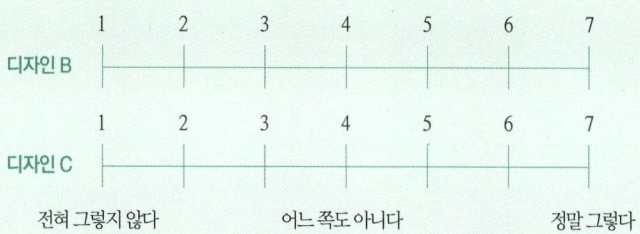

문2-2 용기에 그려진 그래픽 디자인이 마음에 든다.

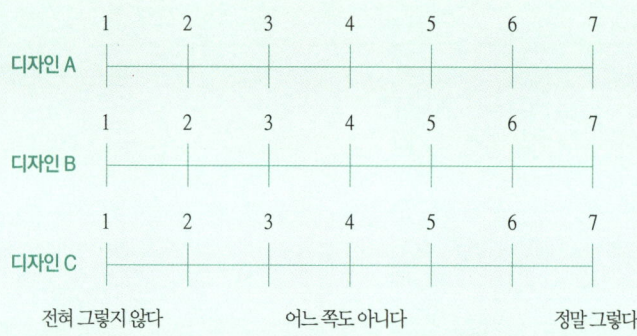

문2-3 용기의 모양과 로고, 그래픽 디자인 등이 잘 어울린다.

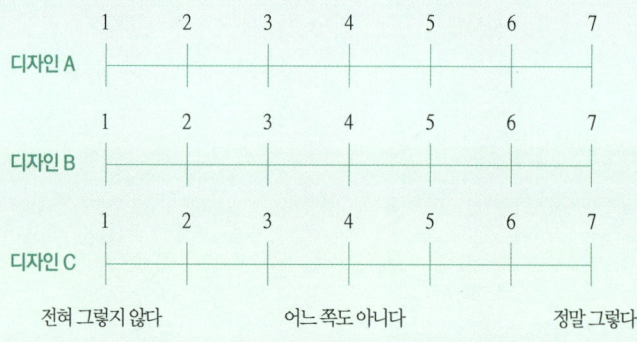

문2-4 용기의 로고, 그래픽 디자인과 색상이 잘 어울린다.

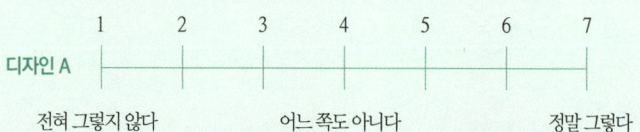

문2-5 제품이미지와 잘 어울린다.

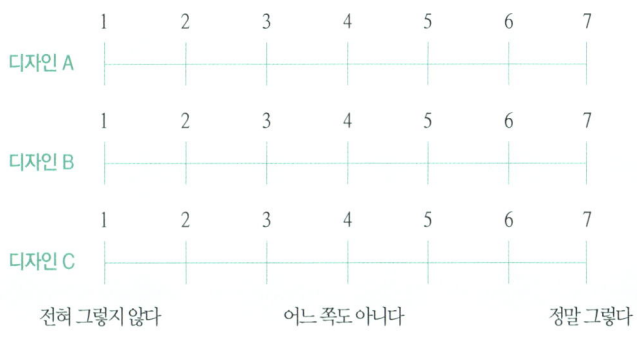

문3 　제시된 3가지 화장품 용기디자인에 관한 다음의 느낌에 대해 귀하께서 어떻게 생각하시는지 아래와 같이 7점 척도로 평가해 주십시오.

문3-1 귀하께서는 각 디자인이 얼마나 독특하다고 생각하십니까?

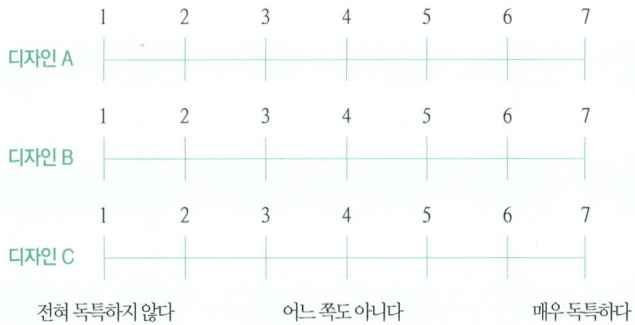

문3-2 각 디자인이 화장품 용기디자인으로 얼마나 적합하다고 생각하십니까?

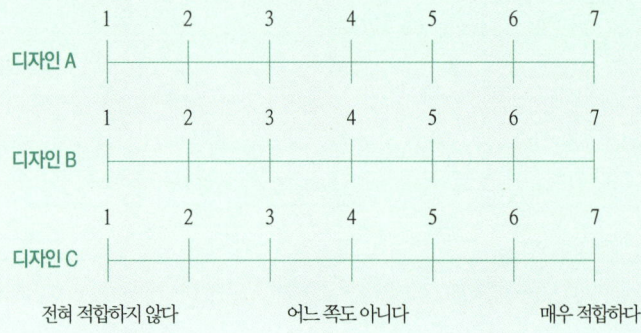

문3-3 귀하께서는 각 디자인의 화장품을 얼마나 사용하고 싶으십니까?

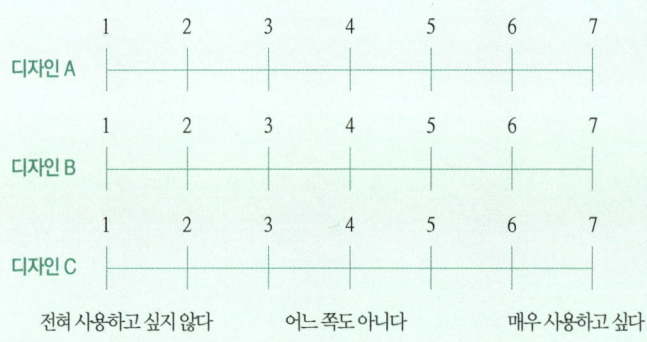

문3-4 귀하께서는 각 디자인의 화장품을 얼마나 구매하고 싶으십니까?

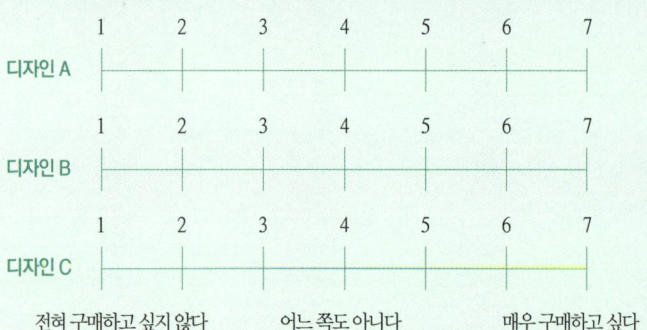

문4 앞에 제시되어 있는 3가지의 화장품 용기디자인들에 대해 귀하께서 마음에 드는 순서대로 차례로 말씀해 주십시오.

문4-1 (가장 마음에 든다고 응답한 디자인에 대해)

귀하께서는 ○○ 기호 디자인이 가장 마음에 든다고 말씀하셨습니다. 왜 그 디자인이 가장 마음에 드시는지 이유를 구체적으로 말씀해 주십시오. 그 외에 또 없습니까?

히트상품 개발 전략

1. 고정관념을 버리고 상식을 깨야한다

상품개발 담당자는 자신의 패러다임과의 싸움에서 이겨야 하고, 자신의 상식을 깨트려야 히트상품을 만들 수 있다.

우리는 패러다임이나 리엔지니어링에 관해 수없이 듣고 그 내용에 대해서도 잘 알고 있지만 실천에는 소극적이다. 기존 사고의 틀을 깨고 주변의 모든 현상을 새롭게 다시 생각하는 발상의 전환이 부족하다. 특히 상품개발 담당자는 주변의 모든 사물이나 현상을 있는 그대로 보기 보다는 뭔가 의문을 갖고 스스로 질문을 던져보며 새로운 관점에서 다시 접근해 볼 필요가 있다.

소비자는 항상 새로운 것에 대한 호기심이 있고 새로운 것을 선호하는 경향이 있다.

따라서 매출과 수익을 높이려면 기존의 상품이나 서비스가 주는 혜택과 방식을 끊임없이 개선해주고, 항상 새롭고 신선한 느낌을 줄 수 있어야 한다.

새로운 것을 만들려면 기존의 고정관념을 깨야하고, 고정관념을 깨려면 먼저 혁신을 이해해야 한다. 혁신은 고쳐서 새롭게 한다라는 의미로써, 시장이나 고객 변화에 따라 고객가치를 높이기 위해, 기존의 사고와 방법을 바꾸는 실천적 활동이다.

한경희생활과학은 주부들의 생활속에서 주부들이 불편하게 느껴왔던 걸레질 청소나 다리미질의 문제점을 고쳐서 새롭게 개선한 스팀청소기나 스팀다리미를 출시해서 고객들이 느끼는 불편함(Cost)을 줄여주고 고객가치를 높여줬다.

유산균은 장에만 좋다는 상식을 깨고 위장에도 좋을 수 있다는 발상의 전환으로 한국야쿠르트는 '헬리코박터-윌'을 출시해서 대박상품으로 키웠다. 추리닝은 운동할 때만 입는 옷이라는 상식을 깨고, 외출할 때도 편안하게 입을 수 있는 옷이라는 역발상으로 TV홈쇼핑 등에서 유행을 선도했다. 엔터테인먼트 사업은 젊은이들만을 타켓으로 해야 한다는 상식을 깨고, 실버세대도 엔터테인먼트의 욕구가 있다는 발상으로 신사업을 생각해 볼 수 있다.

미역국이나 바나나를 먹으면 시험에 떨어진다는 생각을 오히려 미역국이나 바나나를 미리 먹고 나면 액땜이 되어 시험에 합격할 수 있다는 역발상으로 상품 수요를 확산시킬 수 있다.

'사우스웨스트' 항공은 다른 비행기를 타면 당연히 나오는 기내식과 커피를 없애고, 불필요한 서비스를 없애 항공료를 싸게 해서 다른 항공사와 차별화했다. 즉, 상식을 깨서 차별화한 것이다.

특히, 우리가 하고 있는 관습이나 제도, 업무의 방식이나 프로세스, 상품의 형태나 사용방법, 심지어 우리가 늘 당연하게 하고 있는 삶의 모습까지도 어느 것 하나 백 점짜리는 없다. 미완성이거나 불완전한 것이 많다. 고객 관점에서 다시 생각해보면 더 좋은 방법, 더 좋은 모습이 있을 수 있다. 노트북은 모니터가 왜 직사각형만 있는가? 기능은 똑같더라도 모니터를 하트 모양으로 만들 수는 없는가? 가방까지 하트 모양으로 만들면 졸업시즌이나 연말에 젊은 연인들 사이에 선물용으로 잘 팔리지 않겠는가? 책걸상은 왜 목재 재질로만 만드는가? 스테인리스 재질로 만들면 가볍고 화재 위험도 없어 더 좋은 것 아닌가? 맥주는 캔맥주가 있는데, 소주는 왜 캔소주가 없는가? 등, 기존의 것들에 대한 상식을 버리고 원점에서 다시 생각해보면 많은 아이디어를 낼 수 있다. 또 업의 개념을 확장해서 생각해 볼 수도 있다. 예를 들어 아파트나 주택은 주거를 위한 것이다. 그렇다면 이동식 아파트나 주택을 만들 수도 있을 것이다. 옷은 입기 위한 것이다. 그렇다면 사람이 아닌 애완용 동물을 위한 의류를 만들 수도 있을 것이다.

한편, 후발업체가 기존 선발업체들과의 경쟁에서 효과적으로 승리하기 위해서는 항상 선발이 제시하지 않은 뭔가 새로운 속성을 가지고 진입해야 한다. 즉, Rule Follower가 되어서는 안 된다. 하이트 맥주는 OB맥주에는 없었던 '150M 암반수'라는 새로운 속성을 제시해서 다른 느낌을 주었다. 마찬가지로 일본의 아사히 맥주는 기린맥주에는 없었던 드라이 맥주를 가지고 들어가 소비자들에게 새로운 느낌을 줄 수 있었다.

겔포스는 알약 중심이었던 위장약 시장에 액체 위장으로 들어가 성공했고, 비타500은 건강을 위해 먹던 알약으로 된 비타민제 대신에 마시는 비타민이라는 메시지 전달로 소비자 구매를 자극해서 히트상품이 되었다.

즉, 도전자 입장에서는 고객에게 기존의 상품과는 다른 Marketing 개념의 차별화된 혜택과 편리함을 줄 수 있어야 하고, 기존의 시장구조를 따라가거나 모방하는 전략이 아니라 기존의 시장구조를 바꾸거나 기존의 틀을 깨는 전략을 취해야 유리한 고지를 점령할 수 있다. Rule Breaker가 되기 위해서는 고정관념을 버려야 한다.

고정관념을 깨고, 변화를 선호하며, 도전적인 사람은 지식이 풍부하고 아는 것이 많다. 무식한 사람이 도전적일 수는 없다. 또 도전적인 사람은 지속적으로 알고자 노력하고 끊임없이 변화를 시도한다. 시장에 새로운 상품을 만들어 출시하는 일도 기존의 시장 구조를 바꿔보기 위한 도전이며, 이러한 도전이 도전적인 상품개발 담당자에 의해 시도될 때 성공가능성은 높아진다.

불경기일수록 보신주의가 팽배해지고 시키는 일만 하는 경향이 있으나 도전적인 상품개발 담당자는 그렇지 않다. 오히려 더 열정적으로 어려움을 극복하려 하고, 스스로 성공의 기회로 삼는다. 시도하지 않으면 실패도 없고, 실패가 없으면 발전도 없음을 알아야 한다. 히트상품도 우연히 탄생되는 것이 아니며 끊임없는 도전과 노력의 결과다.

신상품에 대한 아이디어는 그 제품에 대해 얼마나 애정을 갖고 열정적으로 생각하느냐에 달려 있다. 신상품에 관한 아이디어는 꼭 소비자 조사에서만 나오는 것이 아니라, 매일같이 같은 상품을 가지고 고민하고 생각하는 내부의 마케터에게서 더 좋은 아이디어가 나올 수도 있다.

마케팅 부서는 항상 아이디어와 토론이 넘치는 곳으로 전체조직의 변화를 선도해 나가야 한다. 마케팅부서에서 일하다 보면 어느 한 사람이 파격적인 아이디어를 제안할 때 '말도 안 되는 소리하지 말아라'고 비웃듯이 말하는 경우를 보게 된다.

하지만 어떤 아이디어라도 결점이나 문제점은 반드시 있게 마련이고 처음에는 항상 생소한 법이다. 그 때문에 아이디어 회의를 하면 곧바로 부정이나 비판이 따르게 된다. 아이디어가 획기적일수록 그것은 심하다.

그 결과 아이디어는 싹이 나오기도 전에 묻혀 버리게 된다. 훌륭한 마케터에게는 자기 자신의 아이디어는 비판하되, 남의 아이디어를 적극적으로 들어주고 같이 생각해주면서, 상대를 배려하고 존중하는 태도가 필요하다.

2. 모든 마케팅 전략은 소비자가 원천이다

히트상품은 일반 소비자에게 폭넓게 수용되어 폭발적인 인기를 얻고, 매출이 급상승한다. 또 단기간 내 기업경영에도 크게 기여한다. 히트상품은 시장에 처음으로 등장, 소비자 인기가 높음, 상품이 독특하여 화제가 됨, 판매신장 및 시장점유율이 높음 등의 특징을 갖고 있다.

이러한 히트상품 만들기의 지름길은 고객 욕구를 충실히 반영한다는 것이다. 매일같이 쏟아지는 수많은 상품 중에서 소비자의 선택을 받기는 쉽지 않다. 많은 노력을 들여 만든 상품의 운명이 소비자의 선택에 따라 좌우되고, 품질이 우수한 상품도 소비자가 외면하면 수명이 짧아진다.

따라서 무한의 경쟁상황 속에서 히트상품을 탄생시키기 위해서 끊임없이 소비자의 욕구를 정확히 파악하여 이를 상품에 신속히 반영하고, 경쟁사보다 먼저 시장에 출시함은 물론, 출시 후에도 질 높은 서비스를 제공하면서 소비자의 불만을 적시에 해소시켜 나가야 한다. 최근 히트상품으로 선정된 대부분의 상품도 소비자 니즈를 정확히 반영한 상품 기능에 디자인이나 실용성을 강화한 상품들이다.

마케팅의 기본개념은 '어떻게 소비자 문제를 해결해 줄 것인가' 하는 데서 출발한다. 즉, 소비자의 필요와 욕구를 파악해서 그 욕구를 만족시켜 주는 상품을 만들고자 하는 데서부터 시작된다고 볼 수 있다. 따라서 마케터나 상품개발 담당자는 항상 고객입장에서 고객의 불편한 점이 무엇이고 고객이 필요로 하는 것이 무엇인지를 파악하여 상품개발이나 마케팅 활동에 반영하고 실천하는 자세가 필요하다. 기업은 고객이 있기 때문에 존재하는 것이고 기업의 이익은 고객이 주는 것이며, 기업의 운명은 고객의 선택에 따라 좌우된다는 점을 명심해야 한다.

신상품 아이디어를 얻기 위한 단계에서부터 마지막 런칭 시까지 모든 전략을 개인의 감에 의존하여 판단하고 결정하는 것은 지극히 위험하다. 단계마다 소비자조사를 통해 정확히 검증하고 확인하는 마케팅이 바로 과학적인 마케팅이고 성공 가능성이 높은 마케팅이다.

3. 소비자 인식상의 선발만이 롱런(Long-Run)한다

시장의 선구자는 시장에서 선발되는 것을 의미한다. 어떤 시장에 최초로 들어가 소비자 머릿속에 먼저 인식된 제품은 쉽게 시장에서 사라지지 않는다. 후발 주자가 많은 자원 투입과 마케팅 노력을 기울여도 선발제품을 따라잡기가 쉽지 않다. 오히려 선발 제품을 모방하여 출시한 후발 제품은 선발 제품을 도와주는 역할만 하는 경우가 적지 않다. 여기서 선발의 의미는 시기적으로 먼저 출시한 것만이 선발이 아니다. 진정한 선발의 의미는 누가 먼저 소비자 머릿속을 점령하느냐에 달려 있다. '마케팅은 제품이 아니라 인식의 싸움이다'라는 말이 있다.

경제가 불황일수록 소비자 머릿속에 강하게 인식된 1등 브랜드는 판매량이 증가하고 시장점유율이 올라간다. 이것은 불황일수록 더욱 확실한 신뢰감이 가는 1등 브랜드를 찾는 소비성향이 두드러지기 때문이다.

그렇다면 후발 제품이 선발제품을 이길 수 있는 방법은 없는가? 물론 엄청난 마케팅 자원을 투입하는 방법도 있겠지만, 이것 역시 한계가 있고 단기적 효과만 가져다 줄 뿐이다. 진정으로 이길 수 있는 방법은 선발과의 차별화 전략이나 선발제품의 약점 혹은 불만점을 해소시켜주는 제품으로 도전하는 전략이다.

결론적으로 새로운 카테고리의 시장을 개척하고 그 시장 내에서 NO.1이 되기 위해서는 선발의 의미가 중요하고, 후발이 선발주자를 이기기 위해서는 새로운 콘셉트로 도전하는 전략이 필요하다. 물론 후발주자가 중소업체이거나 자원의 여력이 없을 때는 선발 제품을 모방하는 미-투(Me-too)전략으로 No.1은 못 되더라도 안정적인 일정 점유율을 확보하는 전략을 선택할 수도 있다.

한편, 마케팅 전략에 있어서도 남보다 한발 앞서 시행하는 선행적 마케팅이 중요하다.

마케팅에는 Reactive Marketing과 Proactive Marketing이 있다. Reactive Marketing은 당면한 어떤 환경적 요소에 대응하여 마케팅을 전개하는 것이다. 반면에 Proactive Marketing은 미래의 마케팅 환경을 예상하여 남보다 앞서 선행적 마케팅을 전개하는 것이다.

선행적 마케팅은 위험은 있으나 질적으로 높은 효과를 가져다 준다. 시장에서 리더가 되기 위해서는 항상 미래를 예견하고 미리 대응하는 마케팅 활동이 필요하다.

4. 환경의 변화를 기회로 활용하라

환경변화를 예측하는 것은 쉽지 않다. 일반적으로 환경변화에 대하여 사전적으로 정확히 예측하여 성공하는 경우는 드물다. 많은 성공 사례를 보아도 시간이 지난 후 성공요인을 설명한 것이지, 성공 전에 환경변화를 확신하고 접근한 경우를 설명한 예는 그다지 많지 않다. 따라서 환경변화 요인에 대한 분석을 통해서 소비자 욕구를 찾아내어 새로운 시장을 개척하기 위해서는 누구나 다 생각할 수 있는 고정관념에서 벗어나 새로운 관점에서 시장을 바라보아야 한다.

불경기에 대부분의 기업이 투자를 제한하고, 소극적인 마케팅 활동을 전개한다. 하지만 이런 불경기를 오히려 기회로 삼아 적극적인 마케팅 활동을 전개함으로써 보다 나은 미래를 보장받는 경우가 많다. 계절성이 강한 상품의 경우도 비수기가 오히려 새로운 시장기회를 만들어 주는 경우가 있다.

끝으로 환경분석을 통한 기회창출 시 과거의 성공이나 경험을 기준으로 현재의 마케팅 전략을 수립하거나 결정해서는 안 된다. 환경은 끊임없이 변한다. 특히 환경변화에 따른 소비자 니즈는 계속 바뀌기 때문에 과거 80년대나 90년대 초에 환경과 소비자 니즈를 분석하여 탄생시킨 신상품이 그 당시 크게 성공했다고 해서 현재의 시점에서 동일한 마케팅 전략을 적용하여 성공한다고 볼 수 없다. 왜냐하면 그 당시의 소비자 니즈와 현재의 소비자 니즈에는 커다란 차이가 있기 때문이다. 물론 과거의 실적자료나 추이를 분석하여 현재나 미래의 변화를 예상하고 응용하는 것은 필요하다. 그러나 소비자 니즈는 시점별로 다시 조사하고 분석하여 그때그때의 니즈에 맞는 상품화 전략이 전개되어야 한다.

5. 상품 외적인 히트조건을 갖추고, 신소비층을 공략하라

철저한 시장조사와 소비자의 잠재적인 욕구충족 외에도 가격, 기술력, 시대성, 모양이나 디자인 등도 히트상품을 위한 필수 조건들이다.

가격 측면에서 히트상품의 조건은 소수 고소득층만을 목표시장으로 하는 상품이 아니라, 일반대중을 목표로 하는 합리적인 가격대의 신상품이어야 한다. 합리적인 가격은 무조건 싼 상품이 아니라 상품의 성능과 가격을 비교하여 상대적으로 싸게 느껴지는 상품을 말한다. 즉, 상품의 가치가 높은 상품이다.

소비자가 물건을 산다고 하는 것은 돈을 지불하고, 상품이 갖는 혜택

(Benefit)을 얻는 것이다. 상품의 성능이 좋고, 상품이 주는 혜택이 많아도 그 대가로 지불하는 비용이 너무 크다면 그 상품의 가치는 떨어진다. 반대로 상품의 성능이나 상품이 주는 혜택이 작아도 그 대가로 지불하는 비용이 상대적으로 적다면 그 상품의 가치는 오히려 올라간다.

즉, 상품의 가치는 지불하는 비용을 감안한 개념(Value=Benefit/Cost)으로 아무리 상품의 콘셉트가 좋고 성능이 우수해도 가격이 그 콘셉트나 성능에 비해 턱없이 비싸다면 소비자가 느끼는 그 상품의 가치는 떨어져, 구매가 이루어지지 않고 히트상품이 되기도 어렵다.

한편 히트상품은 기술 없이는 곤란하다. 히트상품은 소비자 니즈가 있으면서 첨단성, 고성능, 고기능성 신기술 개발이 어우러져야 탄생할 수 있다.

히트상품은 시대를 대표하고, 시대흐름에 부합해야 한다. 최근의 자연환경을 중시하는 추세, 신세대의 기호와 취향 변화, 건강과 레저스포츠에 대한 관심증가 등에 연관된 히트상품이 많이 나오는 것도 이와 같은 시대성이 반영되었기 때문이다.

형태나 디자인도 히트상품의 필수 요소이다. 수많은 상품이 홍수처럼 쏟아져 나오고 있는 오늘날에는 소비자들의 구매의욕을 불러일으킬 수 있는 좋은 이미지와 편리한 형태를 갖춘 상품을 디자인해 내는 것이 중요하다. 과거의 기업활동은 수요에 대해 좋은 이미지와 편리한 형태를 갖춘 좋은 물건을 싸게 많이 제공한다는 단순한 공급위주의 가치를 중요시하는 생산지향의 시대였다면 오늘날의 기업활동은 소비자의 잠재욕구를 탐색하면서 수요를 만들어 가는 소비자지향 체제로의 전환이 필연적이다. 따라서 독창적이고 소비자 시선을 끄는 디자인 같은 소프트한 가치가 상품 경쟁력의 필수 요소이며, 심리적인 감동을 불러일으킬 수 있는 인간중심적 디자인이 히트상품의 중요한 요소가 된다.

경제가 어렵고 불황이 계속되면 소비자들의 소비 행동은 움츠러들기 마련이고, 신상품 도입을 통한 시장공략도 쉽지 않다. 이럴 때일수록 변화 욕구가 강하고 쉽게 신상품을 수용하는 신세대층이나, 의식주의보다 삶의 쾌적함을 누리려는 욕구가 강한 새로운 구매층을 대상으로한 신상품 도입이 히트상품 만들기에 유리하다. 이러한 소비계층으로는 신세대는 물론 맞벌이 여성, 어린이, 노인층을 들 수 있다.

첫째, 신세대층은 호기심이 강하고 변화에 대한 욕구가 강해 특정 상품을 고집하지 않고, 호기심을 자극하는 신상품이 나오면 쉽게 구매하는 경향이 있다. 특히 신세대는 정보를 얻는 데 돈을 아끼지 않고 씀씀이도 성인층보다 높아 충동구매경향이 강하다. 따라서 히트상품을 위해서는 이런 신세대의 취향에 맞는 상품 도입과 마케팅 전개가 필요하다.

둘째, 맞벌이 여성 또한 신소비 계층으로 이들을 겨냥한 신상품 도입도 성공 가능성이 높다. 맞벌이 여성은 소득수준이 향상되고 정보화 사회가 진전됨에 따라 그 수적인 증가 추세와 함께 구매력도 더욱 강해지고 있다. 맞벌이 여성은 주로 주말쇼핑을 하고, 한곳에서 여러 상품을 한꺼번에 구매하는 특징이 있으며, 고급의류나 전자제품의 보유율이 높다. 또 이들은 상품을 구매하는 데 있어서 편리성, 간편성, 시간 절약성 등을 중시하는 특징이 있어 이런 점을 고려한 신상품 도입이 히트할 가능성이 높다.

셋째, 어린이가 스스로 상품을 구매하거나 부모에게 구매 영향력을 행사하는 경향이 갈수록 높아지고 있다. 특히 외식장소나 메뉴, 여행 등을 결정하는데 어린이의 의사가 크게 반영되고 있으며, 자동차, 컴퓨터, 가전제품 등을 구매할 때도 어느 정도 영향을 미친다. 이와 같은 어린이의 영향력은 핵가족화의 진전, 자녀와의 잦은 대화, 수평적인 부모, 자녀 관계 등의 변화에 따른 자연스러운 현상으로 신상품 도입 시에는 마케팅 활동도 상품 구매자인 부모뿐 아니라 영향을 미치는 어린 자녀까지도 고려하여 전개해야 한다.

넷째, 60세 이상의 노인층은 경제적 여유가 생기면서 새로운 소비층으로 부상하고 있다. 최근에 실버산업이 번창하고, 실버마케팅의 필요성이 강하게 대두되는 것도 노인층이 새로운 구매층으로 등장하고 있기 때문이다.

히트상품은 이런 신 소비층의 니즈를 만족시키는 상품에서 탄생할 기회가 많아지고 있다.

6. 소비자 Life Style를 읽어라

신상품 아이디어는 주로 기업내부의 기술개발과 마케팅 활동에 의해 얻어진다.

신상품 아이디어는 시장기회 탐색활동을 통해 발견된 소비자 니즈를 그 근간으로 하여 누가(WHO), 어떤 사용상황(Usage situation)에서 어떤 혜택(Benefit)을 바라고 원하는지를 추적하는 과정에서 창출될 수 있다.

소비자 Life Style을 중심으로 한 Trend분석과 미래의 변화를 예상하고, 거기에 마케팅전문가의 직관과 통찰력을 더해 시장기회가 있는 아이디어와 브랜드 콘셉트를 개발할 수 있다.

예를 들어 최근 건강지향의 소비자 라이프스타일은 화장품뿐만 아니라 음료, 식품, 의약품 등 많은 제품류의 신제품개발과정에서 아이디어와 시장기회를 제공하고 있다. 건강장수와 영원히 젊고 아름다운 피부를 소망하는 인간의 욕구는 기꺼이 비싼 대가를 치르고서라도 이러한 욕구를 충족시켜주는 제품을 찾게 만든다.

마찬가지 관점에서 또 다른 신제품 아이디어를 얻을 수 있는 최근의 라이프스타일 흐름은 첫째, 시간과 공간의 제약이 없는 인터넷이 하나의 문화적 공간으로 자리잡아가면서 인간의 삶의 방식을 바꾸어가고 있다는 점, 둘째, 유전자 정보의 해독과 인간수명 연장의 현실화에 따른 젊음과 노화에 대한 개념이 바뀌고 있다는 점, 셋째, 안전과 생존을 위한 인간의 본능적 욕구인 환경친화적 라이프스타일로 소비자의 제품에 대한 도덕적 가치기준이 바뀌고 있고, 인간 생명의 에너지로 자연과 물이 중요시되고 있다는 점, 넷째, 글로벌시대 각국의 문화가 국적없이 하나의 새로운 문화로 바뀌고 이것은 다시 인간의 삶을 새로운 방식, 퓨전(Fusion)으로 태어나게 하고 있다는 점 등이다.

이러한 소비자 Life Style의 변화는 성공가능성이 높은 많은 신제품기회를 갖게 하는데, 문제는 누가 먼저 이러한 소비자 라이프스타일 변화를 이해하고, 깊은 직관과 통찰력으로 접근하느냐 하는 것이다.

따라서, 현재의 시장구조의 틀을 깨고 과감히 벗어나고 싶은 회사가 있다면 소비자 라이프스타일 변화를 분석해 기회시장을 찾는 것도 하나의 방법이다.

7. "AND"가 아니라 "OR" 이어야 한다

"and"가 아닌 "or"의 개념은 "나열"이 아니라 "선택"이어야 함을 의미한다. 신상품개발에 있어서 이것저것 다 출시하는 개념이 아니라 시장기회를 확실히 하고 성공가능성이 높은 신상품만을 선택적으로 출시하여 집중적으로 육성해야 한다.

신상품 콘셉트를 개발함에 있어서도 임팩트(Impact)있는 하나의 메시지만을 일관성 있게 전달해야 소비자 기억속에 남은 브랜드가 될 수 있다.

흔히 상품개발 담당자는 자기가 개발한 신상품이 마치 만능상품인 것처럼 여러 경쟁사 제품이 가지고 있는 장점을 모두 소비자에게 전달하려 한다. 하지만 이것은 담당자의 욕심일 뿐이다. 소비자는 오히려 이런 상품을 신뢰하지 않는다. 자기가 개발한 신상품의 가장 차별적이고, 확실한 소비자혜택(Benefit)만을 반복적으로 전달하는 Simple concept 이어야 강한 브랜드가 될 수 있다.

선택이란 이것저것 집어넣은 것이 아니라 중요한 내용 이외의 것을 버리는 일이다. 당연히 선택에는 책임이 발생하기 때문에 위험을 회피하는 경우가 많다. "선택"은 Impact, Hi-risk, 이익이 있으나 "나열"은 저품질, Low-Risk, 과다경쟁으로 도식화된다. 선택은 분석과 의사결정에 의해 이루어진다. 이 선택을 전략이라고 하고 선택에 의해 적절한 상품 포지션이 만들어진다.

일반적으로 얻는 것의 이면에는 잃은 것이 있고, 장점의 이면에는 단점이 있다.

상·하나 흑·백 중 어느 한쪽만으로 구성되는 것은 없다. 즉, 표리관계를 높은 차원에서 균형있게 하는 작업이 상품개발이다. 좀 더 구체적으로 의미를 나열하면 다음과 같다.

- 목표고객이 정해져 있을 경우, 기능이나 성능을 너무 많이 넣으면 그들 요소가 서로를 죽인다. 무리하게 요소가 많으면 콘셉트가 명쾌하지 않고 세련되지 않은 상품이 된다.
- 기능에 관해서는 안이하게 생각하면 다기능이 되어버린다. 품질유지를 기본으로 하고 가격, 성능, Timing중에서 어느 것을 중시할 것인가를 결정해야 한다. 이러한 의미에서 다기능 제품의 대부분은 상품기획자의 "책임회피"의 결과라고 할 수 있다. 비용적으로 무리가 생겨 이도저도 아닌 상품이 되기 쉬운 것은 말할 것도 없다.
- 이것저것 타사의 특징적 기능(좋은점)에 전부 대응하려는 것은 좋은 기획이라고 할 수 없다. 타사 상품의 콘셉트나 장점을 자기 나름대로 분석하여 모아 놓으면 국적 없는 상품이 되고 만다. 즉, 위에서 말한 다기능주의가 비용상승(Cost up) 혹은 품질저하(Quality-Down)으로 이어지는 비교적 단순한 문제인데 반해, 타사 콘셉트의 집결은 자주성이 없다거나 제안성이 약하다는 등 브랜드 아이덴티티(Brand Identity)의 평가를 해친다는 점에서 더 큰 문제를 안게 된다.
- 명쾌한 콘셉트를 위해서는 각각의 요소나 조건에 가중치를 설정하고 Main과 Sub을 분명히 한다.

8. 포지셔닝을 명확히 하고, 마케팅믹스 요소 간의 일관성을 지켜라

포지셔닝 전략이란, 세분화된 시장 중에서 표적시장을 정한 후 경쟁제품과 다른 차별요소를 표적시장 내 목표고객의 머리 속에 인식시키기 위한 마케팅믹스 활동을 말한다. 즉, 제품 포지셔닝은 어떤 제품이 경쟁제품과는 다른 차별적인 특징을 갖도록 하여 표적시장 내 소비자 욕구를 보다 더 충족시킬 수 있음을 소비자 인식 속에 위치시키는 것으로 광고, 포장, 디자인, 촉진활동 등의 수단을 총동원하여 소비자 인식에 영향을 준다.

오늘날 제품과 각종 매체, 정보의 홍수로 자사제품의 차별적 이미지를 소비자 인식속에 뚜렷하게 위치시키는 일은 갈수록 어려워지고 있다. 따라서 경쟁제품의 위치를 먼저 정확히 파악하고, 자사제품의 포지셔닝을 모호하지 않게 명확히 한 다음 각 마케팅 요소들의 커뮤니케이션을 일관되고 집중력 있게 해야 한다.

예를 들어 자사 신상품이 갖는 편익을 표적소비자들을 대상으로 TV, 신문, 인쇄물, 제품포장 등을 이용하여 전달하는 경우, 전달하는 메시지를 항상 일관성있게 하여 반복 고지효과를 줄 수 있도록 해야 한다.

자사 신상품의 명확한 포지셔닝을 위해 해당 제품류에 대한 표적소비자들의 니즈와 불만족 원인 파악은 물론 경쟁제품들의 소비자 지각상태를 분석해야 하고, 경쟁제품과 자사 도입제품에 대한 소비자들의 인식 차이를 두기 위한 위치를 선정해야 한다. 이러한 위치선정을 위한 포지셔닝 전략은 속성에 의한 포지셔닝, 사용자에 의한 포지셔닝, 사용상황에 의한 포지셔닝, 경쟁제품에 의한 포지셔닝 등의 방법이 있다.

이러한 포지셔닝 전략은 포지셔닝 맵(Postionign Map)를 이용하여 소비자가 머릿속에 인식되어 있는 경쟁제품과 자사제품의 위치를 2차원 혹은 3차원의 도면으로 나타낼 수 있다. 포지셔닝 맵을 작성하면 자사제품이 소비자에게 어떻게 인식되고 있는지, 또 경쟁제품은 어떻게 인식되고, 자사제품과 어떤 위치관계에 있는지, 경쟁제품이 어떤 위치에 얼마나 있는지, 비어있는 시장은 어디인지, 소비자가 가장 이상적으로 생각하는 제품속성이나 이상점(Ideal Point)은 무엇인지 등을 파악할 수 있다.

한편, 포지셔닝은 심리적인 포지셔닝과 물리적인 포지셔닝으로 구분할 수 있다.

서로 비슷한 정도의 물리적 특성을 갖고 있는 제품끼리도 콘셉트의 심리적인 느낌에 따라 소비자의 평가는 다를 수 있다. Blind로 물리적 속성만을 비교 평가한 경우와 브랜드를 붙여 비교 평가한 경우, 브랜드를 보여주는 경우가 브랜드 간의 차가 명확하다. 즉, 브랜드명에서 받는 심리적 이미지의 영향이 크다.

한편 심리적 포지셔닝이 매우 중요한 제품에서도 물리적 특성의 뒷받침이 없으면 높은 심리적 포지셔닝을 얻지 못하는 경우가 있다. 자동차는 쾌적성과 같은 심리적 포지셔닝을 스타일, 컬러, 내장 등에서 얻어낸다. 그러나 속도, 안전성, 내구성 등과 같은 물리적 성능이 없으면 심리적 포지셔닝이 높더라도 소비자 선택을 받기 어렵다. 경쟁력이 있는 제품은 심리적이면서 물리적인 포지셔닝을 균형 있게 잘 갖추어야 한다. 콘셉트가 아무리 좋아도(심리적 포지셔닝이 높음) 실제로 사용 후에 기대에 못 미치면(물리적 포지셔닝이 낮음) 소비자는 외면하게 된다.

다음은 이러한 신상품의 포지션을 명확히 한 다음, 그 신브랜드의 이미지를 소비자 머릿속에 확고히 자리잡게 하기 위해서는 마케팅믹스 요소들이 서로 일관성(Consistency)과 보완성(Complementary)이 있어야 한다는 점을 강조하고자 한다.

예를 들어 제품개념인 콘셉트가 정해지고 나면 그 콘셉트와 제품전략, 유통전략, 촉진전략, 가격전략 간에는 상호 일관성이 유지되어야 하고, 다시 4P전략 아래 하위믹스 요소들과도 일관성이 유지되어야 하며, 각 4P전략 간에는 상호 보완성이 있어야 한다. 즉, 제품믹스(Product Mix)에 의해서 해결이 안되는 부분은 보완성 개념하에 다른 마케팅믹스 요소를 통하여 해결될 수 있어야 한다.

9. 고객지향의 신상품개발 프로세스를 준수해라

신상품이 기획, 개발, 출시되기까지의 작업순서는 제품특성이나 기업내 개발시스템에 따라 약간씩 다를 수 있고, 그 작업과정도 다양하게 이루어질 수 있다. 하지만 어떤 카테고리의 상품유형도 하나의 신상품을 개발하기 위해서는 많은 개발비와 마케팅자원이 필요하기 때문에 실패할 경우에는 커다란 손실을 초래할 수 있다는 점이다. 이런 이유 때문에 많은 기업들이 제품설계에 많은 시간과 노력을 투자하지만 소비자의 욕구와 필요를 제대로 신상품에 반영하지 못해 실패하는 경우를 많이 보게 된다. 특히 수입개방으로 외국의 유명 브랜드와 싸워야 하는 상황에서 국내 기업들은 품질력 향상과 고가격 전략만이 유일한 대안인 것처럼 생각하는 경향이 많다.

하지만 어떤 신제품을 기획하든 세분화된 목표시장에서 목표고객의 욕구와 필요를 파악하고, 제품에 반영하지 못한다면 소기의 성과를 거두기 어렵다. 따라서 제품특성에 맞는 신상품개발 프로세스를 정립하여 각 단계별 소비자 중심의 상품화 작업과 검증이 필요하다.

특히, 비교적 적은 자원이 투입되는 상품개발 초기단계에서는 창의적이고 차별화된 아이디어 도출을 위한 소비자조사와 아이디에이션이 활성화 되어야 하고, 많은 개발비와 마케팅자원 투입에 따른 손실이 발생되기 전에 철저한 소비자검증을 거치는 개발과정이 필요하다.

고객지향의 신상품개발 프로세스는 이처럼 아이디어 개발 초기 단계에서부터 콘셉트 개발, 상품화 작업, 출시, 출시 후 관리단계에 이르기까지 고객지향 마케팅(Customer Oriented Marketing)과 소비자조사 과정을 철저히 준수하는 것이다.

하나의 예로 신상품의 콘셉트를 개발할 때 메이커 중심적인 제품의 기능에 초점을 맞추는 것이 아니라 소비자에게 주는 편익성이 무엇인가를 소비자 측면에서 찾는 것이다. 소비자는 제품이 주는 편익성을 구매하는 것이지, 그것의 시시콜콜한 내용까지 관심을 기울이지 않는다.

고객지향의 신상품개발 프로세스는 시장에 대한 이해단계, 아이디어 도출단계, 콘셉트 개발단계, 상품화단계, 출시단계, 출시 후 관리단계로 구분해 볼 수 있다.

신상품 실패 요인

신상품 실패요인은 상품기획의 문제와 상품기획 시스템의 문제로 구분해 볼 수 있다.

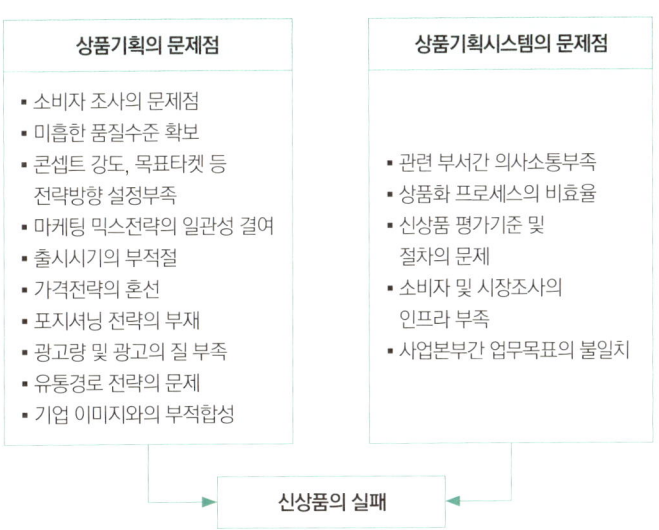

위의 표에서 보는 바와 같이 신상품 실패요인들은 시장조사의 결여, 즉, 소비자 욕구를 무시한 제품개선으로 시장욕구를 명백하게 규명하지 않거나 시장정보가 결여된 채로 신제품을 개발하는 경우가 크다.

특히, 기업의 외부에서 발생하는 통제불가능 변수보다 기업 내부적인 요인이 기업이 통제 가능한 변수들에 의해서 주로 실패하게 된다. 이를 좀더 구체적으로 살펴보면 다음과 같은 기업 내부적인 신상품개발의 문제점과 그 대안을 제시할 수 있다.

① 소비자조사의 문제점

사전에 소비자 조사가 충분하지 않거나, 조사가 이루어졌어도 그 결과를 무시하거나 해석을 달리함으로써 오류를 범하게 된다. 특히 맛 테스트나 콘셉트 테스트 등에서 간이조사 방법을 빈번하게 사용함으로써 신뢰도를 크게 떨어뜨린다.

따라서 소비자조사의 문제를 해결하기 위해서는 신상품개발 프로세스에 따라 각 단계별 조사 절차와 방법을 통해 상품화 작업을 수행토록 해야 한다. 대부분의 신상품 실패 요인은 궁극적으로 소비자 욕구를 무시하거나 시장에 대한 정확한 이해 부족에서 오는 경우가 많다.

② 미흡한 품질수준 확보

신상품이 소비자 니즈(needs)에 비추어 보다 더 나은 효용을 제공하지 못하거나 출시일정에 쫓기어 적정수준의 품질을 확보하지 못한 상태에서 출시하는 경우다. 또 기술적인 한계로 콘셉트에 맞추어 품질수준을 확보하지 못해 실패하게 된다. 아무리 제품의 콘셉트가 좋아도 품질적인 퍼포먼스(performance)가 따라주지 못하면 콘셉트가 마음에 들어 처음 구매시도(trial)를 했더라도 다음 반복구매(repeat)를 기피하게 되어 결국 신상품이 실패하게 된다고 본다. 따라서 품질 평가를 통한 적정수준의 품질확보가 되기까지는 출시일정을 늦추더라도 반드시 지켜야 할 가장 중요한 요소라고 생각한다.

③ 콘셉트의 강도, 목표타켓 등 전략방향 설정 부족

콘셉트는 신상품이 시장에 도입되어 처음 구매시도(trial)를 유도할 수 있도록 강력(strong)하고, 독특(unique)하며, 차별성(differentiation)이 있어야 했다. 따라서 이러한 콘셉트의 결정을 위해서는 정확한 소비자조사와 스크리닝(screening)과정이 필요함을 알 수 있다. 또 목표타켓 등과 같은 마케팅 방향 설정이 잘못되는 경우, 신상품 실패 가능성은 훨씬 높아진다. 따라서 올바른 방향 설정을 위한 전략적인 마인드(mind)와 과학적 조사를 강화할 필요가 있다.

④ 마케팅 믹스 전략의 일관성 결여

제품의 콘셉트와 4P믹스 요소 간에 일관성이 없으면 실패한다. 즉, 콘셉트가 상품전략의 하위믹스(Sub-Mix)요소인 브랜드, 처방, 디자인 등과 일관성이 없거나 상품, 가격, 프로모션, 유통전략 등과 일관성이 없는 경우, 또 이러한 4P믹스 상호 간에도 일관성이 없는 경우 신상품의 성공률은 낮아진다.

⑤ 출시시기의 부적절

출시시기의 문제는 시장에 너무 늦게 진입하거나 개발기간이 길어 성수기나 시장기회를 놓치는 경우에 발생한다. 그뿐만 아니라, 내부 의사결정권자의 지연이나 관련 부서 간의 커뮤니케이션 부재에서도 발생한다.

따라서 부적절한 출시 타이밍(timing)에 의한 신상품 실패는 지극히 통제 가능한 내부 변수에 의한 것인 만큼, 상품화 과정의 명확한 설계와 일정관리, 그리고 원활한 관련 부서 간의 커뮤니케이션에 의해 사전 방지해 나가야 할 것이다.

⑥ 가격 전략의 혼선

제품의 가치에 비해 너무 고가전략을 쓰거나 원가 경쟁력이 불리한 상태에서 제품을 출시하는 경우에 주로 발생한다. 따라서 신제품의 특징을 고려하여 가격정책을 신축적으로 운영해야 한다. 특히 신제품이 소비자에게 제공하는 혜택(benefit)에 비해 소비자가 지불하는 가격이 높은 경우, 그 제품의 상대적 가치가 떨어져 소비자는 제품구매를 기피하게 된다.

따라서 가격을 책정 시 원가, 경쟁가격만을 고려할 것이 아니라 소비자 조사를 통해 소비자가 기꺼이 지불하고자 하는 가격이 얼마인지를 파악하여 가격을 책정하도록 해야 할 것이다.

⑦ 포지셔닝 전략의 부재

경쟁제품 대비 포지셔닝이 미약한 경우에 신상품은 실패한다. 포지셔닝 전략은 경쟁제품들의 포지션을 먼저 파악한 다음, 신제품의 포지션을 정하는 것으로써 제품의 차별적 콘셉트를 소비자 머릿속에 확고하게 인식시키기 위한 전략이라고 할 수 있다.

따라서 시장세분화에 의한 목표시장 선정과 더불어 신제품의 포지셔닝 전략을 명확히 해야 소비자 인식상의 오류를 범하지 않게 된다.

⑧ 광고량 및 광고의 질 부족

출시 신제품의 전략적 육성 정책과 중요도, 또는 제품의 특성에 따라 광고량의 신축적인 운용이 필요하다. 또 광고량이 많아도 광고의 질이 미흡해 신상품 정착에 실패하는 경우가 있다. 따라서 광고를 노출(on-air)하기 전 사전 테스트를 거치고, 노출 후에도 정기적인 추적조사(tracking survey)에 의해 지표변화 추이를 파악하고, 그 결과에 따라 광고전략을 운용해 나가야 한다.

⑨ 유통경로 전략의 문제

제품 특성에 따른 유통경로 선택의 부적절성으로 인해 실패하는 경우가 있다. 뿐만 아니라, 유통에서의 낮은 취급율도 실패의 주 요인으로 작용한다. 특히, 유통경로는 한번 선택해서 다른 경로로 바꾸는 경우, 손실비용이 크게 나타나는 만큼 출시 전 경로의 적합성을 신중히 고려해야 한다.

⑩ 기업 이미지와의 부적합성

출시하고자 하는 신상품이 기업의 철학이나 이미지에 맞지 않고 기업의 능력이 상품의 생산과 마케팅 요구에 적합하지 않은 것도 실패요인이다. 따라서 시장기회 파악과 상품기획 단계에서부터 기업 이미지와의 적합성이나 기업의 능력 여부를 소비자는 물론 사내 직원들을 대상으로 테스트를 거쳐 결정해야 한다.

⑪ 관련 부서간 의사소통 부족

마케팅 R&D부서, 생산, 판매 부서들 간의 상호 커뮤니케이션이 불충분한 경우 상품화 작업이 어렵다. 상품화 과정에서는 마케팅, R&D, 생산 부서 간의 의사소통이 중요하고, 출시시점과 그 이후에는 마케팅, 판매 부서 간의 의사소통이 중요하다고 본다. 특히, 중소형 품목일수록 사입과 더불어 구매시점 광고물 노출, 구매시도, 재구매 과정을 거쳐 매출이 증대되거나 전략 목표를 달성하게 되는데 이런 과정에서 마케팅과 판매 부서 간의 의사소통이 원활하지 못하면 실패하는 경우가 많다.

따라서 커뮤니케이션을 장려하고, 각 단계마다 경영진이 관여하여 진척상황을 검토하며 관련 부서 요원이 참석하는 상품개발위원회 같은 조직을 활성화 시켜야 한다.

⑫ 상품화 프로세스의 비효율

내부의 상품화 프로세스가 매뉴얼화 되어 있지 않고, 많은 의사결정 단계와 관련 부서 서로의 이해를 조정하기가 어려운 경우 전사적인 집중을 발휘하기 어렵고, 내부의 비효율로 실패의 가능성이 높다. 따라서 상품화 프로세스를 사내 특성에 맞게 매뉴얼하여 관련 부서 전체가 공통목표 달성을 위해 집중할 수 있도록 해야 한다.

⑬ 신상품 평가기준 및 절차의 문제

신상품 성패 기준이 불명확하고, 제반절차와 방법이 매뉴얼화 되어 있지 않아 신상품 개발과 상품화과정에 어려움이 있다. 따라서 내부기준을 설정하고 객관적 평가를 통하여 기준을 만족시키는 상품만을 개발, 출시토록 해야 한다.

일반적으로 기준은 매출액, 이익 중심의 양적기준과 신상품에 대한 호감도, 경제성, 차별성, 전략적합성, 회사이미지 부합성, 사회적 가치 제공정도 등과 같은 질적기준으로 구분하여 평가한다. 평가절차는 신상품위원회와 같은 조직에서 과제선정평가, 상품출시승인 평가 등을 하게 된다.

⑭ 소비자 및 시장조사의 인프라 부족

조사 및 분석기법에 관한 지식, 경험 부족으로 조사결과를 충분하게 활용하지 못하고 조사의 필요성에 관한 인식이 부족한 경우다. 특히 조사자료의 체계적 정리 미비로 기존 조사자료가 축적되지 않고 1회성으로 끝남으로써 자원의 낭비와 비효율을 가져오게 된다. 따라서 제품설계와 출시 단계에서의 조사방법을 체계화하고, 반복적인 조사자료가 일관성 있는 측정지표 형태로 축적될 수 있도록 해야 한다.

예를 들어 콘셉트나 품질평가시 7점 또는 5점척도로 얻은 점수가 계속 시계열적으로 누적되어 있는 경우, 다음 새로운 신상품 평가시 그 신제품의 성공 가능성 여부를 예상할 수 있게 될 것이다. 마찬가지로 신제품 출시 후에 광고량 투입에 따른 소비자지표나 조사자료가 축적되어 있다면 다음 새로운 신상품 출시 후에도 기존의 축적된 자료를 근거로 탄력적인 전략을 수립, 시행할 수 있게 될 것이다.

⑮ 사업본부간 업무 목표의 불일치

제품본부와 영업본부, 그리고 지원본부의 목표는 각각 다를 수밖에 없다. 서로 다른 목표를 가진 각 본부가 자신의 목표달성만을 고집함으로써 신상품의 출시목표를 달성하기 어렵게 만든다. 따라서 기업전체의 목표와 장기적 비젼을 달성할 수단을 명확히 해서 서로 공유하고 우선 순위를 정해야만 각 본부나 부서 간의 목표갈등이 없게 된다.

예를 들어 3M같은 회사는 신상품이 매출의 일정부분을 구성하도록 내부지침을 만들어 신상품개발을 권장함으로써 이러한 갈등에 따른 실패요인을 차단하고 있다.

이상의 문제점 해결을 위해
① 철저한 소비자 조사,
② 품질수준 확보,
③ 콘셉트 강화 및 명확한 전략방향 설정,
④ 콘셉트와 마케팅 믹스 요소 간의 일관성 유지,
⑤ 적절한 출시시기,
⑥ 소비자 수용가격에 의한 가격 전략,
⑦ 분명한 포지셔닝 전략,
⑧ 적정 광고량 및 광고의 질,
⑨ 유통경로의 적합성,
⑩ 기업이미지와의 부합성 등이 필요하다.

또, 상품기획 시스템상의 문제해결을 위해서는
① 관련 부서간 원활한 커뮤니케이션,
② 효율적 상품화 프로세스 정립,
③ 신상품 평가기준 및 절차 매뉴얼화,
④ 소비자 및 시장조사의 인프라 구축,
⑤ 사업본부간 업무목표의 조정 등이 절실히 요구 된다.

결론적으로 신상품의 실패요인은 기업의 외부요인보다는 기업이 통제가능한 내부요인에 의한 경우가 많고, 이러한 기업내부적인 실패요인은 상품기획상의 문제와 상품기획 시스템상의 문제가 복합적으로 작용하여 발생된다.

특히, 철저한 소비자조사와 소비자 욕구에 근거한 상품화, 품질수준, 콘셉트력, 마케팅믹스 전략 및 일관성, 그리고 상품기획 시스템상의 부서간 커뮤니케이션, 상품화 프로세스 정립 등이 신상품의 실패율을 줄여주는 중요한 요소이다.

2 신제품 아이디어 도출 및 콘셉트 개발방법

신상품 아이디어 원천

신상품 아이디어는 주로 기업내부의 기술개발과 마케팅 활동에 의해 얻어진다. 특히 신상품 아이디어는 시장기회 탐색활동을 통해 발견된 소비자 니즈를 그 근간으로 하여 누가(Who), 어떤 사용상황(Usage Situation)에서 어떤 혜택(Benefit)을 바라고 원하는지를 추적하는 과정에서 창출될 수 있다. 기업내 실무부서의 일반적인 신상품 아이디어의 원천과 창출방법을 보면 다음과 같다.

기업 외부에서	▪ 환경분석을 통한 시장기회 탐색 활동에서 – 정치, 경제, 사회적 환경 변화 ▪ 소비자 조사를 통한 소비자 욕구 분석에서 – 소비자의 사용습관, 행태 분석 – 제품 사용시의 불만점 발견 ▪ 경쟁제품 분석으로 경쟁제품의 문제점과 소비자 불만점을 찾아 더 나은 신상품으로 개발할수 있는 아이디어를 얻음
기업 내부에서	▪ 사내 고객으로부터 – 사내 영업사원, 현장여사원, 제품담당자, 직접 제품을 생산하고 운반하는 공장 기술자나 물류 담당자 등 – 이들은 기존 제품과 관련된 전문분야에서 제품의 문제점과 개선점을 가장 잘 알고 있음 – 사원들을 대상으로한 신상품 아이디어 응모제도나 브레인 스토밍(Brain storming)으로도 참신한 아이디어를 창출 ▪ 회사 거래처 직원이나 중간상인을 통해서 – 이들은 고객의 욕구나 불만점을 잘 알고 있음 ▪ 사내 연구소나 R&D부문의 기술개발 능력에서 – 이 경우 기술은 고객의 잠재 욕구를 창출할 수 있거나 고객의 욕구를 충족 시켜주는데 필요한 것이어야 함

신상품 아이디어 분석과 평가

아이디어의 분석과 평가는 그 단계가 많을수록 아이디어의 성공과 실패에 대한 확신성이 높아지나 상대적으로 비용(Cost)과 시간(Time)이 많이 소요된다. 일반적인 평가단계는 사내전문가 및 관련자에 의한 사내스크리닝(Internal screening), 질적평가(Qualitative Testing), 양적 스크리닝(Quantitative screening), 제품테스트(Product Test - HUT), 실험판매(Test market), 시장도입 등으로 나누어 볼 수 있다. 사내스크리닝이나 질적 평가만으로 아이디어를 평가하는 경우, 좋은 아이디어를 버리게 되는 오류를 범할 수 있어 기업내 각 부문과 관련된 평가요소를 작성한 평가표에 의해 양적평가를 하게 된다.

평가표의 예

	평가요소	가중치	점수(5점척도)	가중평가치
전략	기업이미지 일치성/기여도 중장기계획과 부합성 법적 제약성 수익성			
기술	기술개발 어려움 정도 기술개발기간/개발비 기술 응용성/축적효과 원료 확보 용이성			
마케팅	타제품과 충돌여부 제품의 수명정도 판매능력 광고, 판촉 능력 경쟁상황 시장성 차별성 매출기여도			
생산	생산인력 생산설비(신규투자여부) 생산기술 원자재조달			

신상품 콘셉트 개발

1. 콘셉트란?

소비자 욕구를 충족시켜 주는 제품의 품질이나 혜택(Benefit) 정도를 개념화한 것을 제품 콘셉트라 한다. 즉, 추상적인 제품 아이디어를 소비자 니즈의 관점에서 현실적으로 생산가능한 제품으로 구체화한 것을 말하며, 기업이 기능적으로 시장에 제공 가능하다고 판단한 제품(아이디어)을 소비자 입장에서 의미있는 제품으로 명확화한 것을 말한다. 이런 의미에서 소비자는 제품 아이디어를 사는 것이 아니라 제품 콘셉트를 구매하는 것이다.

2. 콘셉트의 개발

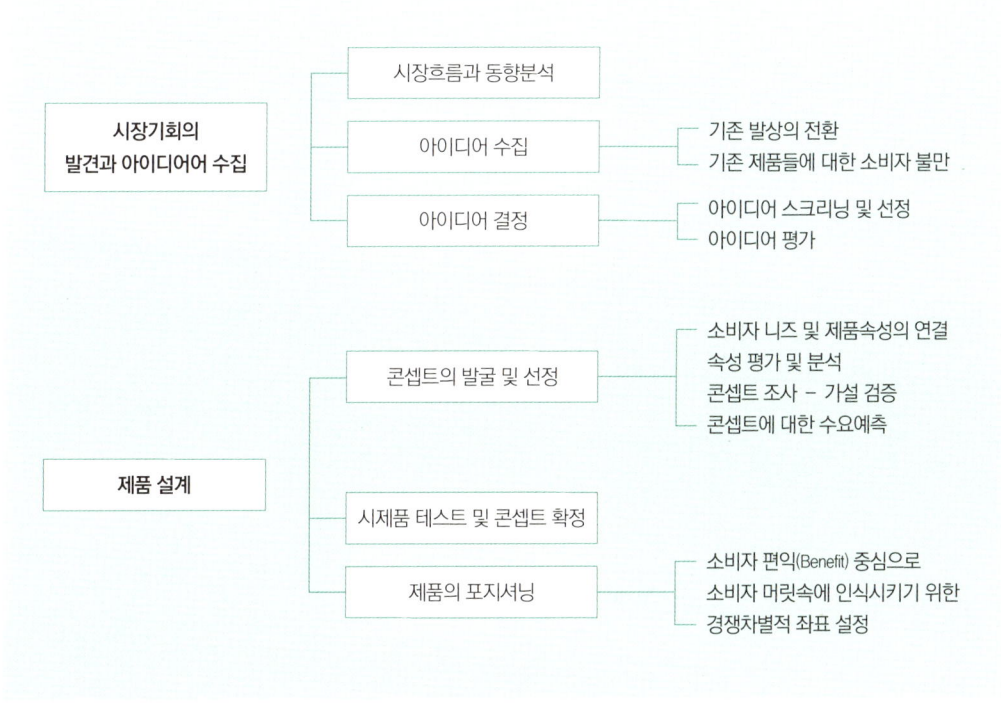

3. 콘셉트 개발의 착안

① 시장의 경계 영역은 불명확하다

　기존의 시장을 현상 그대로만 보지 말고, 발상을 바꾸어 시장을 바라볼 필요가 있다. 식품의 경우 맛이 있어야 한다는 것은 기본이다. 따라서 맛 외에 새로운 개념을 찾아야 한다.

② 니즈(Needs)의 다양화와 질적인 변화

　소비자인 사람을 가지고 세분화(Demographic Segmentation)하는 것은 한계가 있다. 소비자 니즈의 세분화를 통한 콘셉트 개발이 필요하다. 또 물리적인 속성보다는 심리적 속성의 변화를 잘 관찰할 필요가 있다.

③ 시장 갭(Gap)을 해결

　시장의 갭이란 소비자가 제품에 대해 생각하는 바와 실제 제품과의 차이를 말하는 것으로, 무조건 혁신적으로 차별화만 한다고 좋은 게 아니고 새로운 가치의 창조가 중요하다.

④ 콘셉트는 소비자 니즈의 반영

　콘셉트는 소비자 니즈에 그 근본바탕을 두고 만들어져야 하고 이렇게 해서 만들어진 콘셉트는 마케팅 수단인 4P 믹스와 그 하위믹스(Sub-Mix)를 지배하는 중심 내용이 되어야 한다. 즉, 상위믹스 및 하위믹스가 서로 연결되어 일관성과 보완성이 유지되어야 한다.

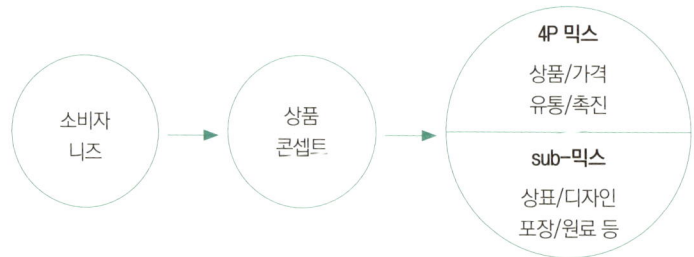

4. 콘셉트의 요건

제품 콘셉트는 경쟁제품과 차별화하여 소비자의 머릿속에 어떻게 인식시키고, 포지셔닝시키느냐가 중요하다. 콘셉트가 소비자의 머릿속에 자리잡고 오래도록 기억되기 위해서는 소비자에게 중요한 것이어야 하고, 독특해야 하며, 어떤 종류의 상품인지 카테고리가 명확해야 한다.

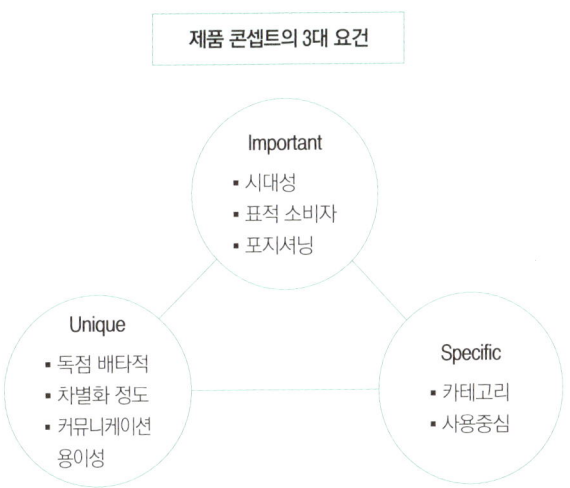

신상품이 실패하는 원인도 대개의 경우 이러한 콘셉트의 기본요건을 갖지 못하기 때문이다. 즉,

① 독특한 소비자 편익(Benefit)을 제시하지 못하거나(No uniqueness)
② 지나치게 여러 가지 편익을 제시하거나(Not single)
③ 편익은 뚜렷하나 소비자 니즈가 없거나(Not important)
④ 편익은 뚜렷하나 가격에 비해 편익이 적어 상품의 가치가 떨어지거나(Poor value)
⑤ 편익은 뚜렷하나 시장과 연결되지 못하거나(Not specific)
⑥ 비현실적인 니즈로 상품 커뮤니케이션에 비용이 많이 들거나(Too Ideal)
⑦ 지나치게 혁신적이어서 시장을 너무 앞서가거나(Too early)하는 등의 이유 때문이며

결국, 소비자의 편익, 니즈, 콘셉트의 결핍에 있다고 판단할 수 있다.

5. 속성분석
(Attribute Analysis)

제품의 속성은 제품이 가지고 있는 특성이나 소비자에게 주는 혜택(Benefit)적인 것을 말한다. 신상품 개발을 위한 소비자 조사 과정에서 제품의 속성을 발견하고, 각 속성에 대해 소비자가 갖는 중요도를 파악하여 콘셉트를 추출하고 기존 제품의 속성을 개선하기도 한다.

■ '표백제'에 대한 속성평가의 예(제품유치 후 7점 척도 평가)

	A제품	B제품
- 세탁물을 새하얗게 해준다	(　)	(　)
- 세탁물을 부드럽게 해준다	(　)	(　)
- 사용이 편리하다	(　)	(　)
- 향이 좋다	(　)	(　)
- 찌꺼기가 남지 않는다	(　)	(　)

■ 경쟁제품과의 속성 비교 평가

	-3	-2	-1	0	1	2	3
High							
			①		②		
Importance							
			③		④		
Low							
		매우 나쁘다				매우 좋다	

①의 속성은 경쟁제품에 비해 상대적으로 나쁘나 소비자는 중요시 하는 속성이다. 따라서 ①의 속성을 개선하거나 신상품화 해야 한다.

②의 속성은 소비자가 중요시하는 속성이면서 경쟁제품에 비해 우수하다. 따라서 ②의 속성을 적극적으로 광고하고 포지셔닝화 해야 한다.

- 가전3사의 냉장고에 대한 속성분석의 예

속성 중요도	보유 상품 만족도 -3사 평균	부족도	현만족도		
			A사	B사	C사
소음	5.5	3.5	2.0	5.0	3.0	3.2
냉장성능	6.0	4.5	1.5	3.5	4.0	5.1
가격	4.5	4.2	0.3	4.1	4.3	4.2
용량	4.2	4.0	0.2	4.0	4.0	4.0

A사는 3사 평균 부족도가 높으면서 상대적으로 자사제품 만족도가 높은 속성인 '소음'을 적극 포지셔닝화하고 주요 소구 포인트로 강조한다. C사는 마찬가지로 '냉장성능'의 우수성을 적극 광고하는 전략이 유리하다.

6. 콘셉트의 개발단계와 테스트

Gap Finding & Concept Development

조사방법	- FGI 또는 Group Dynamics - 소비자 욕구의 변화와 그 구조가 어떻게 형성되어 있는가를 파악하여, 그들의 욕구를 기준으로 시장을 세분화 한다. - 제품을 구매하고 사용하는 소비행태에 대해 소비자들이 어떻게 설명하는지 직접 그들의 생생한 표현을 듣는다.
조사목적 /내용	- 소비자 사용실태 및 태도 파악 - 제품과 관련된 소비자들의 주요 관심사항 - 현 사용제품에 대한 만족, 불만족점 파악 - 해당 제품을 평가할 때 사용하는 기준(속성)파악
조사결과	- 소비자의 표현을 통해 소비자 욕구 구조의 분석과 현 시장제품들의 상대적 포지셔닝 위치를 파악하는데 사용되는 제품관련 속성의 개발 - 현 시장제품들에 대한 소비자의 구매, 사용 행태와 태도를 계량화 하는 정량조사에서 테스트할 가설(Hypotheses)의 설정 - 제품개발 전략 수립에 반영할 소비자의 미충족 욕구 발견

Concept Shaping

- 앞단계의 FGI를 통해 추출된 소비자 니즈 및 가설 콘셉트를 기초로 각 제품전략(예: New/Renewal/Extension)별 콘셉트 후보안을 2개 정도씩 정한다.
- 콘셉트 초안을 작성하고 콘셉트 보드를 제작한다.

Concept Screening

조사방법	- FGI (Focus Group Interview) - 선정한 몇개의 콘셉트 후보안을 콘셉트 보드로 제작한 다음 참석자 조건과 구성을 Gap Finding시와 동일하게 하여 다시 FGI를 실시한다.
조사목적 /내용	- 선정된 콘셉트 후보안에 대한 소비자 호응도 평가 - 콘셉트(안)를 보완하고 개선하는 정보수집 ※ 각 콘셉트(안)를 평가하는 기준으로는 차별성(Differentiation)이나 독특성(Uniqueness), 임팩트(Impact), 품질(Quality), 가치(Value) 등을 사용하여 종합적으로 평가한다.
조사결과	- 시장 가능성이 제일 높은 마지막 1~2개의 최종 콘셉트(안)를 선정

Concept Finalization

- 최종 선택된 1~2개의 콘셉트(안)를 보완하여 마지막 수요예측을 위한 대상 콘셉트를 확정한다.
- 이 경우 1개의 콘셉트만을 가지고 수요예측 조사를 할 수도 있고 2개 이상의 콘셉트(안)를 가지고 수요예측 조사를 하여 그중 결과가 좋은 콘셉트(안)로 최종 제품전략을 가져갈 수도 있다.

Sales Forecasting

조사방법	- CLT(Central Location Test) ; 설문 및 개인 면접/콘셉트 보드 평가/Shop simulation - HUT(Home Use Test) - 이 단계에서는 확정된 제품 콘셉트 1~2개에 대해 판매예측을 실시하고 아울러 시장진입을 위한 마케팅 전략을 수립한다.

조사목적/내용	- 제품 사용전 콘셉트에 대한 반응과 시제품을 유치후 실제 사용해본 다음의 반응과 평가를 분석하여 최종 콘셉트에 대한 수요를 예측한다.
조사결과	- 시장점유율 예측(물량/금액) - 소비자의 욕구 구조 발견과 경쟁제품들의 포지셔닝 상태 분석 - 포지셔닝 분석을 통한 테스트 콘셉트 및 제품의 강.약점 발견 - 샘플링 효과 검증 및 가격 분석 - 인지율 제고를 위한 TV 광고량 결정(GRP) - 기존 제품과의 Cannibalization 정도 예측

- 제품 사용전의 콘셉트에 대한 사용의향과 제품유치후 실제 써보고서 반응하는 사용의향 정도에 따라 다음과 같이 판단할 수 있다.

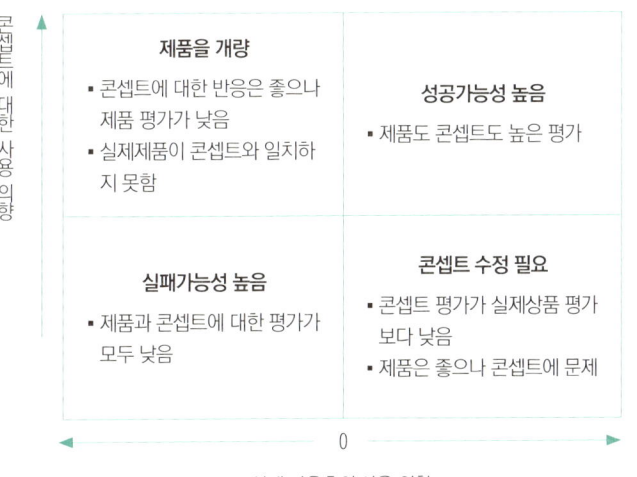

신제품 콘셉트 개발사례

헤어케어류

● **조사목적**

기존의 일반 세정샴푸보다 질적으로 우수한 새로운 고급 샴푸를 개발하기 위함

● **조사방법**

소비자 니즈를 발견하고 이를 콘셉트화시키기 위한 정성적인 방법과 이를 통계적으로 검증하는 정량적인 방법을 병행하여 실시

1단계: 소비자들이 원하는 한 단계 높은 차원의 고급 샴푸제품은 어떤 것일까? 라는 문제에 대한 소비자들의 Idea Generation을 실시한다. 즉, 소비자들이 생각 하는 이상적인 샴푸에 대한 속성들을 밝혀냄으로써 핵심 편익 및 가설적인 콘셉트를 추출한다.

2단계: 제시된 가설적인 콘셉트들에 대한 소비자들의 평가는 어떠한가? 라는 문제를 위해 콘셉트 스크리닝 과정을 실시한다. 즉, 소비자들의 각 콘셉트들에 대한 수용도 및 평가를 통해 가장 바람직한 콘셉트 및 개선 방향 등을 도출한다.

● **조사내용**

1. 소비자 니즈 파악 및 아이디어 발견

- 미용(건강/아름다움)에 대한 관심
- 기존 샴푸들에 대한 평가
- 샴푸의 속성 평가
- 이상적인 샴푸에 대한 Idea

1) 조사방법 : 그룹 다이내믹스(Group Dynamics)

　　　　　　(그룹 다이내믹스는 FGI보다 더 심층적 조사가 가능)

2) 참가자 : 여성 48명(6그룹)/주부 2그룹(16명)/여대생 2그룹(16명)

　　　　　　직장여성 1그룹(8명)/미용사 1그룹(8명)

2. 5개 가설 콘셉트(안) 선정

1) 에센스 샴푸

2) 향수 샴푸

3) 미네랄 워터 샴푸

4) 겸용 샴푸

5) 거품 샴푸

3. 소비자 조사를 통한 콘셉트 스크리닝

1) 방법 : FGI(Focus Group Interview)

2) 목적 : 시장 가능성이 높은 콘셉트 추출

3) 참가자 : 여성 48명(6그룹)/주부 2그룹(16명)/여대생 2그룹(16명)

    직장여성 1그룹(8명)/미용사 1그룹(8명)

4. 최종 콘셉트 확정 : 에센스 샴푸 ⟶ 농축영양 성분의 에센스 캡슐이 들어 있어 모발에 윤기와 탄력을 주는 샴푸

● 고급 샴푸 Group Dynamics 진행 가이드라인

1. 준비

준비물 : 모조 전지, 필기구, 셀로판테이프, 칠판, 샴푸, 사진 촬영,

    음료수, 비디오 촬영, 휴식시간 간식

1) 모임의 목적 소개

2) 참석자 자기 소개(이름, 주소, 직업, 가족 구성원 등)

3) 진행 방법 설명 : 토의에 들어가기에 앞서 먼저 진행방법에 관해 간단히 설명

– 이제부터 본토의 시작 –

2. 미용에 대한 관심 및 태도

1) A그룹 : '여성들의 아름다움(미용/건강)' 하면 무엇이 생각나십니까? 그 다음은요?

일상생활에 있어서 '여성의 미'와 관련하여 본인도 모르게 자연스럽게 떠오르는 것들을 가능한 한 많이 말씀해주십시오.

B그룹 : '여성들의 미용(아름다움/건강)'을 저해하는 요인들은 무엇이라고 생각하십니까? 그 다음은요?

일상생활에 있어서 '여성의 미를 저해하는 요인'과 관련하여 본인도 모르게 자연스럽게 떠오르는 것들을 가능한 한 많이 말씀해 주십시오.

2) '여성의 아름다움'을 궁극적으로 추구하기 위해 본인들이 다음의 각 영역에서 어떤 관심을 기울이고 있는지?

- 얼굴, 피부, 화장   - 옷
- 머릿결, 헤어스타일   - 장신구 등
- 몸매

3. 머리에 대한 아름다움을 추구하기 위한 방법

1) A그룹 : '여성들의 머리의 아름다움(미용/건강)' 하면 무엇이 생각나십니까? 그 다음은요?

일상생활에 있어서 '여성의 머리의 아름다움'과 관련하여 본인도 모르게 자연스럽게 떠오르는 것들을 가능한 한 많이 말씀해 주십시오.

B그룹 : '여성들의 머리의 미용(아름다움/건강)'을 저해하는 요인들은 무엇이라고 생각하십니까? 그 다음은요?

일상 생활에 있어서 '여성의 머리의 아름다움을 저해하는 요인' 과 관련하여 본인도 모르게 자연스럽게 떠오르는 것들을 가능한 한 많이 말씀해 주십시오.

2) 머리의 아름다움을 추구하기 위해 실제로 어떻게 하고 계십니까?
- 샴푸 제품
- 컨디셔너
- 기타 헤어케어 제품(헤어팩, 헤어 트리트먼트 등)
- 스타일링 제품(헤어젤, 헤어무스, 스프레이 등)
① 누구와 ② 언제 ③ 어디서 ④ 무엇을 ⑤ 어떻게 ⑥ 왜

※ 어느 제품에다 비중을 두는지 각 제품의 추구이익은 상호 어떤 관련이 되는지 충분히 파악되어야 함

- 10분간 휴식 및 다과 -

4. 기존 샴푸에 대한 평가 - 질문지1 작성

4-1 가장 좋아하는 샴푸 상표들 혹은 가장 좋아하지 않는 샴푸상표들의 공통점과 차이점의 발견

1) 한 그룹은 가장 좋아하는 상표에 대해 논의하시고, 반대로 다른 한 그룹은 가장 좋아하지 않는 상표에 대해 논의하십시오.

2) 토의는 다음과 같이 2단계로 진행하여 주십시오.

〈그룹A〉

① 먼저 가장 좋아하는 상표를 왜 가장 좋아하는지 논의하여 한 샴푸상표를 좋아하게 만드는 중요한 특성(Key Attributes)들을 찾아내도록 하십시오. 질문지 문2번의 그 상표를 누구와, 언제, 어디서, 무엇을, 어떻게, 왜 사용하였는지 응답했던 내용들이 모두 포함하여 이야기하도록 하십시오.

② 상표가 서로 다를지라도 사람들마다 가장 좋아하는 상표들 간에 좋아하게 되는 공통된 이유들과 사람마다 서로 다를 수 있는 이유들을 파악하도록 하십시오.

〈그룹B〉

① 가장 좋아하지 않는 상표를 왜 가장 좋아하지 않는지 논의하여 한 샴푸 상표를 좋아하지 않게 만드는 중요한 특성(Key Attributes)들을 찾아내도록 하십시오.
② 상표가 서로 다를지라도 사람들마다 가장 좋아하지 않는 상표들 간에 좋아하지 않게 되는 공통된 이유들과 사람마다 서로 다를 수 있는 이유들을 파악하도록 하십시오.
③ 논의된 모든 내용은 모조지에 모두 적어 주십시오. 모조지에 적힌 결과를 리더께서 발표해 주셔야 됩니다.

4-2 브랜드 맵핑(Brand mapping)
   1) 그룹은 2그룹으로 나누어진 상태에서 진행하겠습니다.
   2) 모든 종류의 샴푸 제품들을 탁자 위에 올려놓으십시오.
   3) 이상의 토의를 고려하여 가장 비슷한 군이라고 생각되는 샴푸들끼리 모아서 군(Group)을 지어보고 모조지 위에 적절하다고 생각하는 위치에 놓아주세요.
   4) 왜 그 위치에 분류하셨는지 그 이유를 말씀해 주시겠습니까?
   5) 브랜드 맵핑이 끝나면 그 결과를 사진 촬영하십시오.

4-3 샴푸에 대한 추구이익(Benefit)
   1) 샴푸를 고르실 때 가장 중요하게 고려하는 기준은 무엇입니까? 중요하게 생각하는 속성을 3 - 4개 정도 말씀해 주세요.

2) 이제 전체를 한 그룹으로 하여 한 명의 리더를 뽑아 주십시오.(소비자가 중요하게 고려하는 기준과 미리 설정한 기준을 함께 고려하여 그중 중요한 속성을 5개 정도 뽑아서 진행한다)

3) 다음의 각 특성들에 대해 모두 3가지의 질문이 있으니 각 특성별로 논의하여 주십시오. 여러분들은 모두 각기 다른 의견들을 가지실 수 있습니다. 그렇지만 여러분들의 의견은 한 그룹의 의견으로써 종합될 것입니다. 꼭 한 가지로 합의하여야 할 필요는 없으며, 의미 있는 일련의 여러 가지 표현을 해주시면 좋겠습니다.

4) 토의하신 내용들은 앞서와 마찬가지로 기록자가 모조지에 적을 것입니다.

질문1 어떤 샴푸가 이 특성에 있어 가장 좋은가?
(각 상표별 좋아하는 사람의 숫자 기록)

질문2 이것은 정확히 무슨 의미라고 생각되는가?
왜 그렇게 생각되는지?

질문3 이것은 나에게 어떤 점에서 좋다고 생각하는가?
이것이 나에게 주는 좋은 점(Benefit)은 무엇인가?

– 10분간 휴식 및 다과 –

5. 이상적인 샴푸

1) 2그룹으로 나누어 논의 — 이번 논의의 리더 다시 뽑음

2) 지금까지 나누었던 여러 가지 샴푸들에 대한 논의를 모두 잘 고려하시면서 여러분이 생각하시기에 가장 이상적이라고 생각하는 샴푸의 특성들에 대해 논의해 주십시오. 그 이상적인 샴푸에는 반드시 다음과 같은 점들이 고려되어야 합니다.

※ 자기 자신이 얻고자 하는 기능적 혹은 심리적인 특징(구체적인 편익)

※ 샴푸가 지녀야 한다고 생각하는(지녔으면 희망하는) 특성들 – 성분, 향, 세척력, 모발의 건강, 용기, 기능 등등

6. 브랜드 맵핑(Brand Mapping)

1) 그룹을 2그룹으로 나누어 주세요.

지금까지 토의한 내용을 고려하여 샴푸를 구분짓는 중요한 속성(Key attributes)을 기준으로 샴푸들을 분류해 보겠습니다.

(중요한 속성은 앞에서 토의된 내용을 검토하여 결정한다)

2) 모발 건강에 좋다는 측면에서 제품들의 순위를 매겨 주시고, 그런 다음 서로 같거나 유사한 것끼리 분류해 주시겠습니까?

이때 이상적인 샴푸의 위치도 설정해 주세요. 왜 그 위치에 분류하였는지 그 이유를 말씀해 주시겠습니까?

3) 계속하여 이번에는 향 측면에서 분류해 주시겠습니까?

이때 이상적인 샴푸의 위치도 설정해 주세요. 왜 그 위치에 분류하였는지 그 이유를 말씀해 주시겠습니까?

4) 계속하여 이번에는 전체적 측면(선호도)에서 분류해 주시겠습니까?

이때 이상적인 샴푸의 위치도 설정해 주세요. 왜 그 위치에 분류하였는지 그 이유를 말씀해 주시겠습니까?

5) 매 단계마다 브랜드 맵핑(Brand Mapping)이 끝나면 그 결과를 촬영하십시오.

질문지1

그 룹 : _____

이 름 : _____

문1 귀하께서 최근에 사용해 보신 샴푸 상표들을 좋아하는 순서대로 적어 주십시오.

최근에 사용한 샴푸 상표중	상표
가장 좋아하는 샴푸 상표	( )
2번째로 좋아하는 샴푸 상표	( )
3번째로 좋아하는 샴푸 상표	( )
4번째로 좋아하는 샴푸 상표	( )
5번째로 좋아하는 샴푸 상표	( )
6번째로 좋아하는 샴푸 상표	( )
7번째로 좋아하는 샴푸 상표	( )
8번째로 좋아하는 샴푸 상표	( )
9번째로 좋아하는 샴푸 상표	( )
10번째로 좋아하는 샴푸 상표	( )
11번째로 좋아하는 샴푸 상표	( )
12번째로 좋아하는 샴푸 상표	( )

문2 문1에서 귀하께서 가장 좋아하는 샴푸라고 응답하신 샴푸 상표에 대해 여쭤어 보겠습니다. 아래의 질문들에 따라 귀하께서 그 상표의 샴푸를 사용하시는 구체적인 상황과 경우, 이유 등에 대해 가능한한 상세히 적어 주십시오.

A **언제** : 귀하께서는 가장 좋아하시는 (   ) 샴푸를 언제, 하루중

I. 신제품 개발 전략

에 어떤 시간대에, 일주일중 어떤 날, 어떤 계절에, 혹은 어떤 경우에
(머리가 상했을 때, 파마하고 난 후, 염색후, 겨울철 등) 사용하십니까?

_____
_____

B **어디서** : 그러면 그 샴푸를 어디에서 사용하십니까?
그 샴푸를 사용하시는 장소들을 모두 구체적으로 말씀해 주십시오.
이 샴푸는 얼마나 자주 사용하십니까?(집에서? 목욕탕에서? 등등)

_____
_____

C **누구와** : 평상시 누구와 가장 좋아하시는 (   ) 샴푸를 사용하
시는지 상세하게 말씀해 주십시오.(혼자서? 자매/자녀와? 온식구와? 등등)

_____
_____

D **무엇과** : 그러면 무엇과 함께 그 샴푸를 사용하십니까? 또 이들 헤어
케어 제품은 얼마나 자주 사용하십니까?
(어떤 제품과? 컨디셔너와? 헤어팩과? 헤어트리트먼트와? 등등)

_____
_____

E **왜** : 왜, 무슨 이유 때문에 귀하께서는 (   ) 샴푸를 사용하십
니까?
(가격 때문에? 향 때문에? 비듬치료 때문에? 등등)

_____
_____

F **어떻게 얼마나 자주 :** 그러면 가장 좋아하시는 (　　　) 샴푸를 어떻게 해서 얼마나 자주 사용하시는지 상세히 말씀해 주십시오.(사용량? 사용 시간? 물 온도? 거품 정도는? 헹굼은 어떨 때까지, 몇 번이나 하는지? 등등)

_____

_____

문3 이제는 문1에서 귀하께서 가장 좋아하지 않는 샴푸라고 응답하신 샴푸 상표(가장 마지막에 응답한 상표)에 대해 여쭈어 보겠습니다. 왜 그 상표를 가장 좋아하지 않습니까?(덜 좋아하십니까?)

_____

_____

문4 몇 가지 샴푸의 특성들이 아래 제시되어 있습니다. 어떤 특정 샴푸상표가 아니라 샴푸 그 자체를 고려했을 때 다음의 각 특성들이 샴푸에 대해 전반적으로 얼마나 그렇다고 생각하는지 혹은 얼마나 그렇지 않다고 생각하시는지 각각에 대해 다음의 5점 척도로 말씀해 주십시오.

1 나는 가격이 더 비싸더라도 고급 샴푸를 구매할 것이다.

  5 —— 4 —— 3 —— 2 —— 1

2 나는 샴푸가 세척력만 좋으면 된다고 생각한다.

  5 —— 4 —— 3 —— 2 —— 1

3 샴푸와 린스를 따로 사용할 필요가 없는 샴푸 린스 겸용 샴푸를 선물한다.

  5 —— 4 —— 3 —— 2 —— 1

4 고급 샴푸일수록 내 머리결을 더욱 좋게 한다고 생각한다.

  5 —— 4 —— 3 —— 2 —— 1

5   나는 모발에 자극적이지 않은 순한 샴푸를 좋아한다.
       5 —— 4 —— 3 —— 2 —— 1

6   온 가족이 사용하기에 좋은 샴푸를 좋아한다.
       5 —— 4 —— 3 —— 2 —— 1

7   지금보다 더 다양한 종류의 샴푸가 출시되어 소비자들의 선택의 폭이 넓어졌으면 좋겠다.
       5 —— 4 —— 3 —— 2 —— 1

8   샴푸는 광고를 많이 하는 상표들이 그렇지 않은 상표보다 품질이 더 좋다고 생각한다.
       5 —— 4 —— 3 —— 2 —— 1

9   내가 쓰는 샴푸는 꼭 내가 상표를 고른다.
       5 —— 4 —— 3 —— 2 —— 1

10   사용후 머리를 손질하기 쉽게 해주는 상표가 좋다.
       5 —— 4 —— 3 —— 2 —— 1

11   환경 문제에도 신경을 쓰는 환경 표시가 되어 있는 회사의 샴푸를 선호한다.
       5 —— 4 —— 3 —— 2 —— 1

12   거품이 잘 나는 샴푸가 더 좋은 샴푸라고 생각된다.
       5 —— 4 —— 3 —— 2 —— 1

13   샴푸의 품질은 원료의 종류나 첨가물질 등에 따라 크게 달라진다고 생각된다 .
       5 —— 4 —— 3 —— 2 —— 1

14   나는 어떤 상표 혹은 제조회사의 샴푸들이라도 서로 간에 품질의 차이가 거의 없다고 생각한다.
       5 —— 4 —— 3 —— 2 —— 1

15 나는 샴푸 원료의 종류나 품질, 기능 등에 대해 관심을 갖고 있다.

   5 — 4 — 3 — 2 — 1

16 향이 좋은 샴푸일수록 더 품질이 좋다고 생각한다.

   5 — 4 — 3 — 2 — 1

17 객관적으로 볼 때 국산 샴푸는 세계적으로 고품질이라 말할 수 있다.

   5 — 4 — 3 — 2 — 1

18 나는 모발을 부드럽게 해주는 샴푸를 선호한다.

   5 — 4 — 3 — 2 — 1

19 나는 모발에 충분한 영양을 공급해 주는 샴푸를 선호한다.

   5 — 4 — 3 — 2 — 1

20 유행의 흐름에 민감한 이미지의 샴푸가 더 좋다.

   5 — 4 — 3 — 2 — 1

21 나는 손상 모발에 좋거나 비듬 방지와 같은 특별한 기능을 갖는 샴푸가 품질이 더 좋다고 생각한다.

   5 — 4 — 3 — 2 — 1

22 용기의 디자인이나 색상이 예쁜 샴푸를 좋아한다.

   5 — 4 — 3 — 2 — 1

23 샴푸는 항상 쓰던 상표를 선택하고 굳이 다른 새로운 상표를 찾지 않는다.

   5 — 4 — 3 — 2 — 1

24 잘 알려진 유명한 상표를 선호한다.

   5 — 4 — 3 — 2 — 1

25 나는 새로운 샴푸가 나오면 그것을 사서 써보는 편이다.

   5 — 4 — 3 — 2 — 1

26 가격이 비싼 샴푸가 품질이 더 좋다고 생각한다.

   5 — 4 — 3 — 2 — 1

27   나는 샴푸는 상표보다는 어느 회사 제품이냐가 더 중요하다고 생각한다.
5 —— 4 —— 3 —— 2 —— 1

28   샴푸는 기능이 아무리 좋더라도 가격이 비싸면 안 살 것 이다.
5 —— 4 —— 3 —— 2 —— 1

콘셉트 테스트

방금 보셨던 콘셉트를 보시고 아래에 답해 주십시오.

1 처음 보신 후 느낌이 어떠신가요?

2 마음에 드시는 점은 어떤 것인가요?

3 마음에 들지 않는 점은 어떤 점인가요?

4 기존 샴푸와 비교시 어느 정도 독특한 느낌이 드시는지요?

5 이 샴푸의 내용이 나에게 어느 정도 의미가 있는지요?

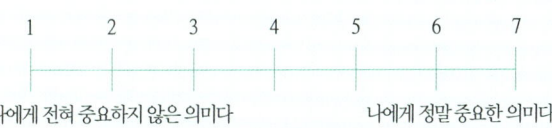

6 이 샴푸의 내용이 어느 정도 믿을 만한지요?

7 이 샴푸의 품질이 어떨 것 같은지요?

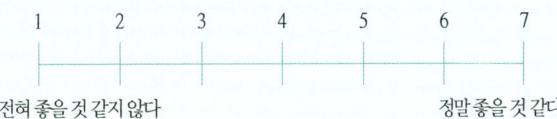

8   향후 이런 제품이 시중에 나온다면 구매하고 싶은 의향이 있는지요?

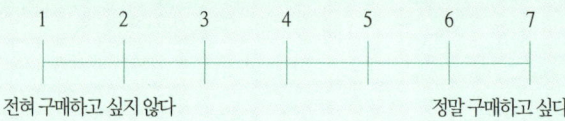

9   가장 좋아하는 순위부터 기록해 주세요.

프로그램에 의한 콘셉트개발 (참고용)

신제품 콘셉트 개발(New Product Concept Development)은 "Needs Based-NPCD 기법"에 의한 프로그램에 의해 아래와 같은 단계로 진행할 수도 있다. "Needs Based-NPCD 기법"은 고객 니즈에 기초한 아이디어 도출 및 콘셉트 개발 프로그램이다.

| Note ① 작성 | 아이디어의 기술 |

작성 순서와 유의점

- Needs, Seeds Approach(소비자 생활 Needs정보/기술적 Seeds정보)
    ※ Brainstorming
- 기능, 상태, 순서, 구조별로 나눠서 기술 – 상품 아이디어 구체화
- 가능한 "지금까지 없는 개념"으로
- 실현 가능성은 일단 무시하되, 공상만화 같은 아이디어는 제외
- 가능한 구체적으로
    – Seeds Approach는 효과의 정도를 명확히 기술
- 상품 아이디어를 기술
    – 만일 Benefit이 떠오르면 "그렇게 하기위해서는"이라는 질문에 의해 상품 아이디어 도출
        ※ 바삭한 베이컨 모양의 스넥과자
        ※ 머리 좋아지는 성분을 우유에 넣는다
        ※ 생선뼈 모양을 그대로 살려, 바삭하게 구운 생선뼈 스넥
- 아이디어와 Benefit의 식별
    – Needs으로 변환해서 생활 Needs가 되면 Benefit
        ※ 예 : "침착하게 해주는 사탕" → "기분을 침착하게 하고 싶다"
    – Needs으로 변환해서 Have Needs가 되면 아이디어
        ※ 예 : "아이디어 회의용 캔디" → "아이디어 회의용 캔디가 있으면 좋겠다"
    – Benefit 를 아이디어로 생각하면 구체적이지 않아 버리기 쉽고, 아이디어를 Benefit로 생각해 버리면 아이디어가 어떠한 Benefit을 소비자에게 주는지를 모르기 때문에 주목을 끌기 어렵다.
- Brainstorming의 원칙 준수
    – 비판금지/자유분방/많은 양의 아이디어/상대의견 결합/상호칭찬

Note ② 작성	Benefit의 기술

작성 순서와 유의점

- Note①의 아이디어가 소비자에게 주는 Benefit을 기술
- 가능한 Benefit의 종류를 변화(10개정도 기술 후 4~5개 선택)
- "이러한 아이디어는 누구에게 어떤것을 하게 될까?, 어떤것을 체험하게 해줄까?"를 Keyword로
- 생활 Needs에 부응한 Benefit의 표현인가? 그들은 변별력이 있는가?
- Benefit이 아니라 아이디어로 판정되면
  "그러므로 무엇을 체험할 수 있는가?"
  "그러므로 무엇이 얻어지는가?" 등의 Keyword 사용
  - ※ Needs _____ 하고 싶다
  - ※ Benefit _____ 할 수 있다
- Note ①과 ②는 꼭 인과관계가 성립할 필요는 없다
- 2인 이상이 행하면 타당성이 높아진다

Q&A ①, ②, Problem 작성	Q&A ① : Benefit를 생활 Needs에 정리 Q&A ② : Needs의 충족수단 Problem : 수단들의 문제점과 불충분점

작성 순서와 유의점

- Note ②에서 고른 Benefit 4~5개를 Needs로 전환하여 Q&A ①에 기입
  ※ B → I 흐름에서는 수집된 각종 생활 Needs 정보를 있는 그대로 Q&A ①에 기입
  - Needs를 강하게 가진 사람들의 속성을 기입, Target이 떠오르지 않으면 Needs 자체에 문제가 있으므로 버리던지, Note ②로 돌아가서 재검토
- Q&A ① 의 Needs를 Target이 만족하는 방법이나 상품이 있는지 생각
  - 통상 취하는 수단이 있어도 확실히 큰 Problem이 있으면 OK

- 가능한한 충족수단으로 상품이 있어도 생활 행위를 생각해서 기입
- 충족수단이 여러 가지인 경우는 Problem이 큰 수단을 선택

  ※ 예 : Q&A① – 날씬해지고 싶다

  Q&A② – 다이어트식품/스포츠/사우나/양을줄임/아무것도 먹지 않는다 → "아무것도 먹지 않는다"

- 충족수단이 모두 다 중요하다고 생각되는 경우는 요약을 함

  ※ 예 : Q&A① – 성인병에 걸리지 않는 노후를 보내고 싶다

  Q&A② – 규칙적인식사/영양유지/스포츠 → 건강에 좋은식사, 영양, 스포츠를 규칙적으로 한다

- Q&A②에는 Q&A①의 Target이 Q&A①의 Needs를 강하게 가졌을때 취할 수 있는 수단 기입
  - 수단의 아이디어가 아니라 지금 있는, 취할수 있으나 문제가 있는 수단을 찾을 것
  - 기업의 해결수단이 아니라 Q&A①의 Target이 충족시키기 위해 어떤 수단을 얻을 수 있을까 생각
- Problem은 치명적이고, 해결되는 것이 기대되는 문제점과 불충한 점
  - 생활상의 문제를 기입/상품상의 문제는 기존 제품의 개선 Concept이 되기 쉬움
  - 충족수단이 여러개인 경우, 공통된 Problem, 또는 각각의 Problem을 기입하되 명백히 중요한 Problem 를 기입
  - Problem이 여러 가지인 경우 그것을 요약한다
- Problem에서 "DS-N창조"로 이동하는 경우 그러한 Problem를 해결하면 매력적인 Benefit이 될 수 있는가를 고려함
- Problem은 크고, 치명적일수록 좋음

| DS-N 창조 | Problem을 해결하여 Q&A ①의 Needs에 첨가 |

작성순서와 유의점

- Problem을 해결하여 Q&A ①의 Needs에 첨가
    - Problem이 아니라 Q&A ②의 충족수단을 첨가하여 강한 Needs가 되는 경우도 가능
- 강한 생활 Needs가 되지 않을 경우 다시 Q&A ②의 수단도출, Problem도출 등 반복(통상 2회 반복)
- Q&A ②에서 찾은 수단이 이전의 수단보다 못한경우 "그런 방법 없다"고 해도 좋음
- 4~5개의 생활 Needs중에서 강한 미충족 Needs(DS-N)3개 선택-복수의 미충족 Needs를 합성하고 싶을때는 Target이 동일한 경우
- Concept Statement 작성으로 이동을 위해 확실히 미충족인가? 그런 사람들의 수는 충분한가? 등을 검토
    - DS-N창조 후 Target이 적어지면 Problem, Q&A ②의 순서대로 돌아가 다시 Needs 창조

| Concept Statement 작성 | DS-N을 기계적으로 Benefit에 대입
그 Benefit과 인과관계가 성립하는 Idea기술
New Category명 표기 |

작성 순서와 유의점

- 선택한 미충족 Needs(DS-N)을 Benefit으로 변환
- Benefit을 달성하는 아이디어를 문장으로 기재(Note①를 참조)
- Category명을 명사형으로 표현
- Concept Statement의 조건
    - 명확하고 이해하기 쉬울 것/매력적일 것

- Unique/Important/Specific
- 소비자에게 주는 Benefit이 명확할 것
- 그 Benefit을 달성하는 상품 아이디어가 명확하고, Benefit과 인과관계 성립
- 상품 아이디어와 Benefit을 한문장으로 간단하고 명확하게 표현
  - "○○의 특징을 가진(Idea) XX이므로(Category명) △△할 수 있다(Benefit)"

신제품 아이디어 도출 및 콘셉트 개발 작성 양식

Note ① 작성

기능	상품의 기능, 효과	
상태	외관 등 지각할 수 있는 요소나 가능한 상품 형태	
순서	소비자의 사용방법	
구조	기계 등의 구성방법 처방과 원료	
종합/기타		

Note ② 작성

	Benefit	선택여부
①		
②		
③		
④		
⑤		
⑥		
⑦		
⑧		
⑨		
⑩		

Q&A ①, ②, Problem 작성

생활 Needs(Target)	충족수단	Problem	판정
(target)			
(target)			
(target)			
(target)			

DS-N 창조

미충족 Needs 1	미충족 Needs 2	미충족 Needs 3

Concept Statement 작성

Benefit	상품 Idea	Category명	Target

Concept Statement

3 신제품 개발 상품화 기획서 작성 양식

　　상품화 기획서는 신상품의 출시 배경에서부터 마지막 시장도입 전략까지를 정리한 것으로 최고경영층의 의사결정을 받거나 신상품개발 관련 부서와의 커뮤니케이션을 위하여 구체적으로 작성하게 된다. 상품화 기획서는 보통 1회 작성으로 완성되는 경우가 드물고, 상품화 진행 단계에 따라 변동된 내용을 수정하면서 2~3회에 걸쳐 작성하게 된다.

　　최초의 종합 상품화 기획서는 도입 신상품에 관한 사업성 검토와 소비자조사가 완료되는 시점에 작성되고, 최종 상품화 기획서는 콘셉트가 확정되고 구체적 상품화 작업이 진행되는 시점에 최종 확정 내용을 정리함으로써 관련 부서와의 유기적인 협조체계와 업무 진행이 동시에 이루어지도록 하는 기준이 되게 한다. 이러한 상품화 기획서에 의해 상품화 작업이 완료되고 나면 마지막으로 제품을 시장에 출시하기 전 판매부서와의 커뮤니케이션을 위해 판매사원이 알아야 할 내용중심으로 제품의 개요(콘셉트, 소구 포인트, 단량, 상표, 가격, 촉진전략, 판매전략 등)를 정리한 신상품 출시 계획서를 작성하여야 한다.

　　상품화 기획서에는 무엇보다도 제품의 콘셉트가 명쾌하게 제시되어야 한다. 상품화 기획서는 다른 관련 부서와의 커뮤니케이션 수단인데, 이러한 상품화 기획서에 제품의 콘셉트가 애매하게 표현되어 있으면 많은 관련 부서에서 혼란을 겪게 되고, 상품화가 상당기간 지연될 수도 있다. 특히 디자인부서 같은 경우는 제품 콘셉트가 명확해야 디자인 콘셉트를 명확히 설정하여 처음부터 차질 없이 디자인 작업을 추진할 수 있다.

상품화 기획서의 작성순서와 주요 구성 내용은 다음과 같다.

I 시장환경분석	IV 신제품 콘셉트 개발	VII 마케팅믹스 전략
- 시장개요	- Concept Description	- 제품 전략
- 유통구조분석	- Statement Concept	- 디자인 전략
- 경쟁사분석	- Full Concept	- 브랜드전략
- 자사분석	- 상품 콘셉트 스크리닝	- 가격 전략
		- 유통 전략
II 전략 방향 도출	V STP전략	- 광고 전략
- SWOT분석	- 시장세분화	- 판촉 전략
- 시장참여 필요성	- 표적시장	- 홍보 전략
- KSF	- 포지셔닝 전략	
		VIII 손익 계획
III 신제품 아이디어 도출	VI 마케팅 목표	
- 거시환경 분석		IX 실행 계획
- 과업환경 분석		- 협조 부서
- 내부환경 분석		- 추진 일정
- 소비자욕구 분석		
- 아이디어 도출		

시장환경분석

1. 시장 개요

	전체시장	기존Seg.별 시장
시장동향		
성장요인분석(+,-)		
수요전망		
고객특성		

시장규모

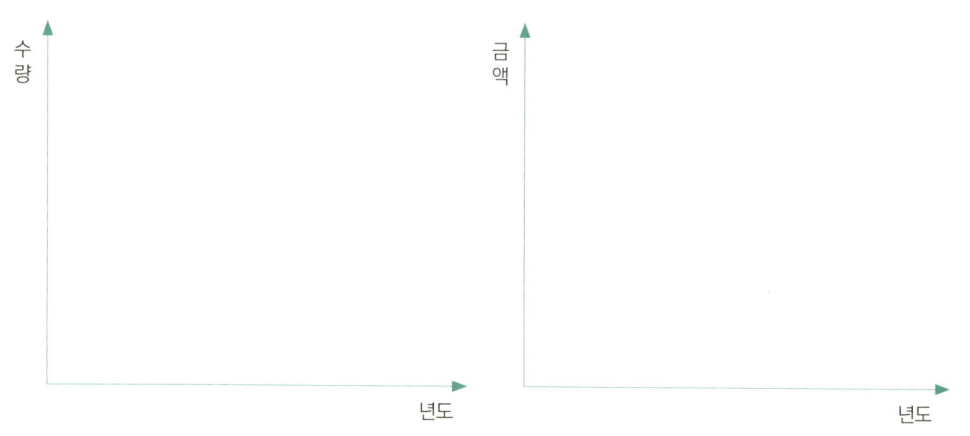

2. 유통구조 분석

	주요내용
유통 채널 현황	
채널별 특징	
사별 채널구조 및 기타	

3. 경쟁사 분석

경쟁사별 상품 분석

	A사	B사	기타
브랜드 성분, 특징 가격			

경쟁사별 강·약점

	A사	B사	기타
강점			
약점			

경쟁사별 마케팅력

	A사	B사	기타
핵심기술 보유			
신제품 개발력			
서비스			
생산능력			
자금력			
유통/촉진			
브랜드력			

경쟁사별 주요전략

	A사	B사	기타
표적시장 (Target Marketing)			
포지셔닝 (POSITIONING)			
핵심전략			

경쟁사별 매출 추이 분석

	A사	B사	기타
판매량			
판매액			
M/S			

4. 고객 분석

조사설계

시장 분석 및 신제품 아이디어 도출을 위한 조사 설계	
조사대상자	
자료수집 방법	
표본크기/표본구성	
주요조사내용	
분석방법	

고객분석(조사결과 첨부)

- 고객 NEEDS 분석

- 고객의 상품선택 기준/상대적 중요도

- 기존상품에 대한 고객의 불만점

- 최근의 소비자 지표 추이

고객이 원하는 상품

속성(Attribute)	편익(Benefit)	가치(Value)

5. 자사분석

상품 분석

브랜드 성분, 특징 가격	

매출 분석

	년	년	년
판매량			
판매액			
M/S			
판매특징			

강·약점 분석

	강점	약점
상품력		
생산능력		
R&D력		
마케팅력		
유통력		
자금력		

자사 주요 전략

표적시장	
포지셔닝 전략	
브랜드 전략	

전략 방향 도출

SWOT 분석

	강점	약점
기회		
위협		

➡ 전략대안

시장참여의 필요성

KSF(Key Success Factor)

신제품 아이디어 도출

거시환경 분석

구분	영향요소	시장에 미칠 영향	마케팅 전략에 미칠 영향/고려요소
부정적 영향요소			
긍정적 영향요소			

과업환경 분석

구분	영향요소	시장에 미칠 영향	마케팅 전략에 미칠 영향/고려요소
부정적 영향요소			
긍정적 영향요소			

내부환경 분석

구분	영향요소	시장에 미칠 영향	마케팅 전략에 미칠 영향/고려요소
부정적 영향요소			
긍정적 영향요소			

소비자 욕구 분석

	왜(Why) (성능/감각/상징)	언제/어디서 (When/Where)	어떻게(How)			누가 (Who)	불만점
			사용방법	사용과정	보완제품		
제품							

Ⅰ. 신제품 개발 전략

아이디어 도출

효능, 효과	① ② ③
상태 · 형태 변경	④ ⑤ ⑥
사용순서 · 방법 변경	⑦ ⑧ ⑨
구조변화 (속성/성분/부품)	⑩ ⑪ ⑫

Statement Concept

Benefit	상품 Idea	Category명	Target

⬇

Concept Statement

신제품 콘셉트 개발

Full Concept Board

콘셉트 스크리닝 조사 설계

전 단계에서 작성된 Concept을 스크리닝하기 위한 조사 설계	
조사대상자	
자료수집 방법	
표본크기/표본구성	
주요조사내용	

콘셉트 스크리닝 결과

콘셉트 대안
1.
2.
3.
4.
5.

		콘셉트1	콘셉트2	콘셉트3	콘셉트4	콘셉트5
콘셉트 평가 내역	구매의도 (5Scale) Top 2 boxes 독특성 중요도 신뢰도 선호도 가격수용도 기타					
	콘셉트 평가 방법(조사개요)					

콘셉트 대안

- 콘셉트 :

- 선정사유 :

- 주요 attributes/중요도 :

STP 전략

시장 세분화

추구편익	사용상황 특성	인구통계적 특성	Life Style특성
①	①	①	①
②	②	②	②
③	③	③	③
④	④	④	④
⑤	⑤	⑤	⑤
⑥	⑥	⑥	⑥
⑦	⑦	⑦	⑦
⑧	⑧	⑧	⑧
⑨	⑨	⑨	⑨
⑩	⑩	⑩	⑩

세분시장 Profile 분석

	세분시장 A	세분시장 B	세분시장 C	세분시장 D
추구편익				
사용상황				
인구통계적 특성				
Life Style 특성				
조합				

표적 시장

시장평가기준	중요도	세분시장 A	세분시장 B	세분시장 C	세분시장 D
시장의 매력도 (시장규모/성장성/수익성)					
자사와의 적합성 (성공요건/추구 방향과의 일치성)					
경쟁의 정도 (경쟁사의 마케팅력/상품의 위협 정도)					
고객의 편익 및 가치					
총합	100				
순위					

시장 선정

- 제1표적시장 :
- 제2표적시장 :

포지셔닝

- 포지셔닝 전략 :

편익/속성	Heavy User	High Price
편익/속성　　저소득　　고소득		Old　　Young
	Light User	Low Price
가치포지셔닝	**고객측면**	**제품측면**

※ 포지셔닝 고려요소 : 속성/편익, 경쟁사 위치, 가격/품질, 사용자, 제품범주
※ 좌표상의 항목은 상품에 따라 다르게 정할 수 있음.

Brand Value Cycle

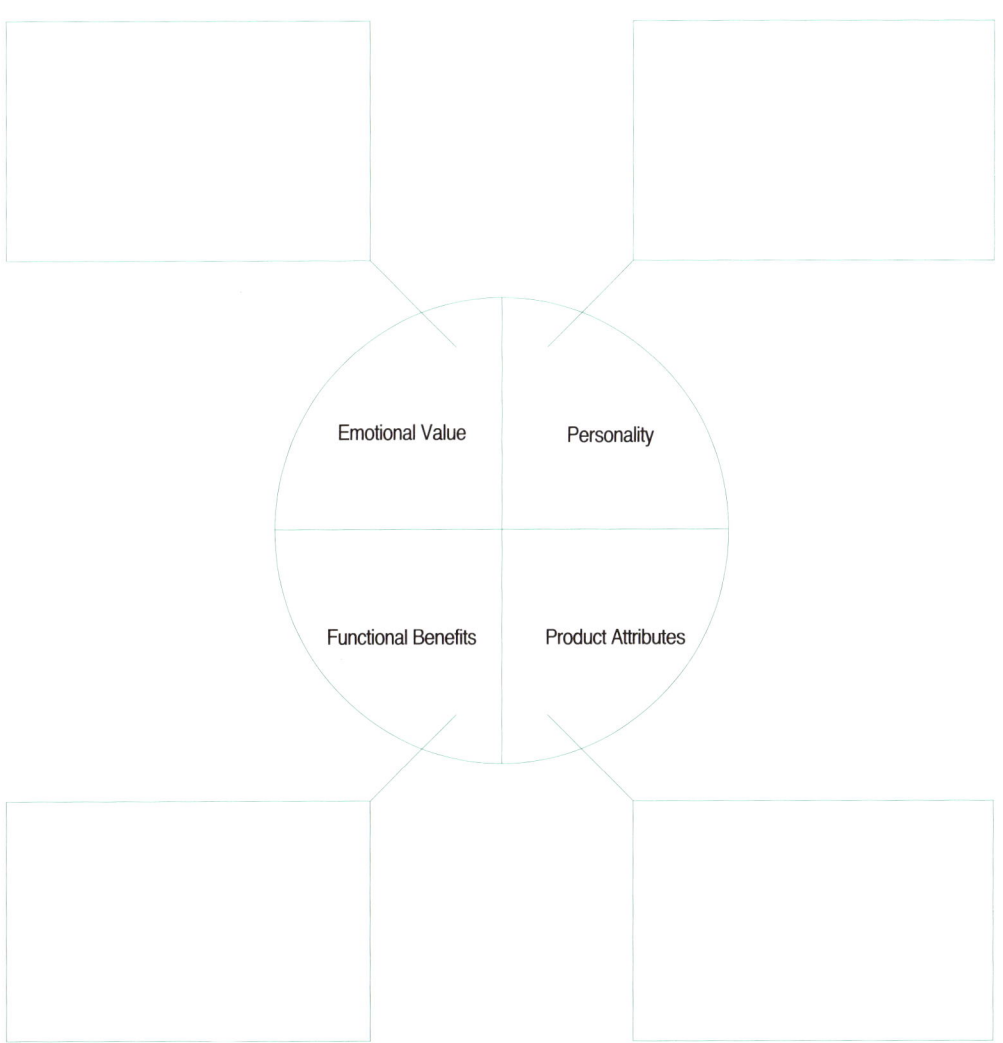

마케팅 목표

마케팅 목표달성 기본 전략 방향

STP전략 측면	
브랜드/제품 측면	
가격/유통 측면	
프로모션 측면	
인프라/기타	

마케팅 목표

	출시 후 1개월	출시 후 6개월	출시 후 1년	년	년	누계
광고부문 (광고비 집행계획 첨부)						
인지율						
판촉부문 (판촉비 집행계획 첨부)						
취급률 (경로별, 지역별 구분)						
M/S (경로별, 지역별 구분)						
매출 (경로별, 지역별 구분)						

마케팅 믹스 전략

1. 제품 전략
기존 제품 포트폴리오 분석

높음

- 브랜드수 :
- 매출액 :
- 영업이익 :

- 브랜드수 :
- 매출액 :
- 영업이익 :

브랜드성과 (1)

- 브랜드수 :
- 매출액 :
- 영업이익 :

- 브랜드수 :
- 매출액 :
- 영업이익 :

낮음　　　　　　　　　　　　　　　　　　　　높음
　　　　　　　시장매력도 (2)

(1) 영업이익률과 매출액으로 결정
(2) 시장크기와 시장 성장률로 결정

신제품 출시 전략

전략 기본 방향	
출시일자/품목	
주요성분/특징	
핵심기술 및 원료 확보 방안	
품질 차별화	

상품력 평가(C&U Test)

	제품 1	제품 2	제품 3	비교제품
▪ 사용 전 콘셉트 평가 – 구매의도(5scale) : Top 2 boxes – 독특성 – 중요도 – 신뢰도 – 선호도				
▪ 제품 사용 후 평가 – 구매의도(5scale) : Top 2 boxes – 독특성 – 중요도 – 신뢰도 – 선호도 – 만족도 – 속성비교 : 속성1 　　　　　　속성2				

조사개요

- 콘셉트에 대한 강점 :
  - ※ 지시된 상품콘셉트에 대해 고객이 느끼는 강·약점을 작성 → 향후, 판매소구점으로 연결

- 콘셉트에 대한 약점 :

- 구매 예상 가격 :
  - ※ 고객이 구매하고자 하는 가격 및 판매 예상 수량파악

- 판매예상 수량 :
  - ※ 판매목표 수립시 활용

Ⅰ. 신제품 개발 전략

브랜드 전략

브랜드 전략		
브랜드 후보안	후보안 ① ② ③	평가결과
브랜드 선정	최종선정	선정사유

디자인 전략

디자인 전략 방향	
포장형태/용량	
그래픽 디자인	

상품 Line-up

년도	년도	년도

초도물량 및 생산방식

초도물량	생산방식

I. 신제품 개발 전략

중장기 브랜드 로드맵

2. 가격 전략

기본 전략 방향 : 저가 전략, 고가 전략, 대등가격 전략 등 신제품 가격 전략 방향 제시

가격 구조

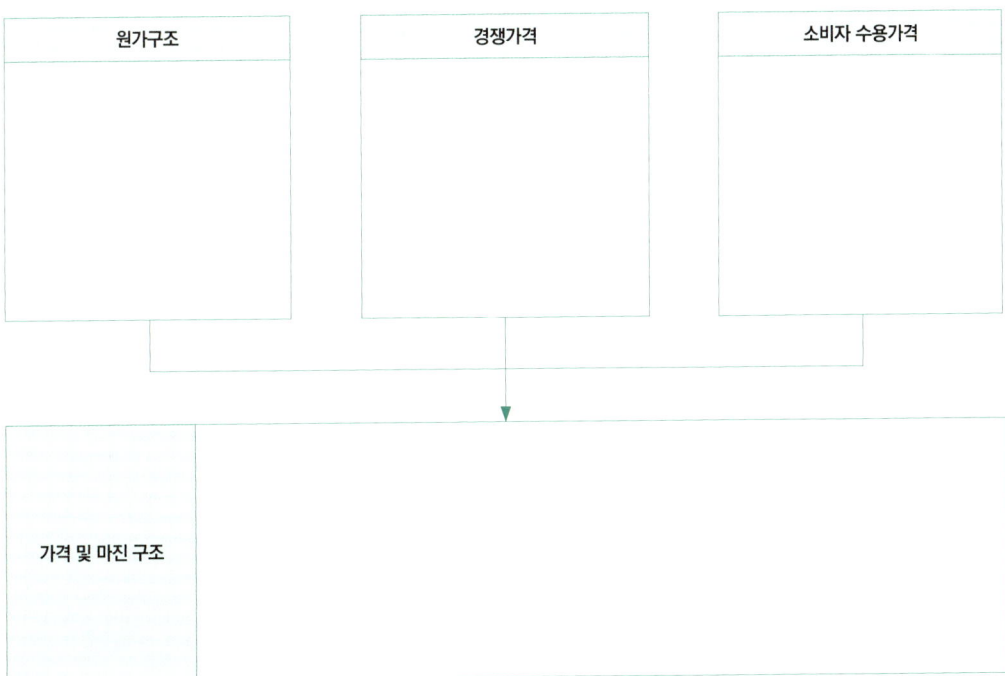

3. 유통전략

기본 전략 방향

기존 보유 유통채널	
유통채널 대안 및 장·단점	
유통채널 선정 및 사유	
채널별 진입 전략	

단계별 유통 확대 계획

1단계	2단계	3단계

4. 프로모션 전략

기본전략 방향

광고	
판촉	
홍보	
인적판매	

단계별 전략

1단계	2단계	3단계

Ⅰ. 신제품 개발 전략

광고 전략

광고목표	
광고콘셉트	
표현전략	
모델전략	
매체전략	
광고비 운용계획	

판촉 전략

거래처 판촉	
소비자 판촉	
사내 판촉	
판촉비 운용계획	

홍보전략

PUSH전략	
PULL전략	

5. 전략 체계도

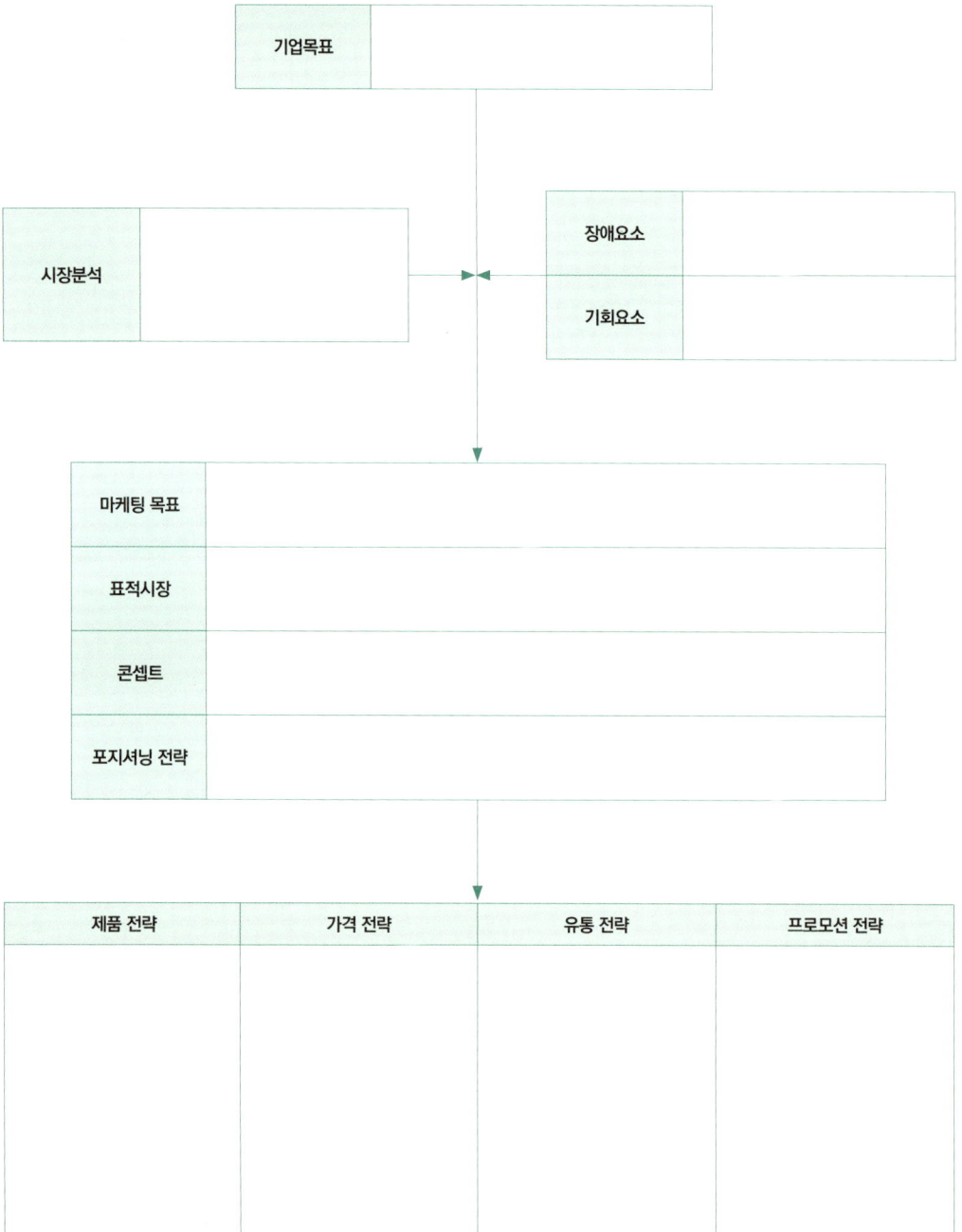

손익 계획

세부항목	Realistic Scenario			Pessimistic Scenario		
	년	년	년	년	년	년
▪ 시장점유율						
▪ 매출량						
▪ 예상판가						
▪ 매출액						
▪ 제조원가						
▪ 매출이익						
▪ 마케팅/영업비용 – 광고비						
– 판촉/장려금/수수료						
▪ 영업이익						
▪ 공통비						
▪ 경상이익						
▪ 필요 투자액(설비)						

실행 계획

협조부서

		부서명	직위	성명	연락처	비고
1	마케팅					
2	R&D					
3	공장					
4	디자인					
5	구매					
6	리서치					
7	영업					
8	기획					

추진일정

	도입 전			도입 후										
	M-6	M-3	M-1	M	M+1	2	3	4	5	6	7	8	9	10	11	12
상품화														
유통														
영업														
광고														
판촉														
홍보														
조사														

마케팅 전략

1. 마케팅 전략 수립 방법

마케팅 전략이란?

전략은 시장환경과 조직의 관계에 대한 하나의 지침이 되는 것으로써 외부환경에서의 기회와 위협 요소에 내부조직의 역량을 적응시켜 경쟁우위를 이끌어가는 활동이다.

전략은 기업에서 가장 많이 쓰는 단어중의 하나이나 그 의미가 명확하게 전달되지 않고, 전술이라는 단어와 혼동해서 쓰이는 경우가 많다.

전략은 어떤 목적을 달성하는데 있어서 여러 가지 대체안중 가장 좋은 안을 선택하는 것이고, 전술은 전략의 집행에 관한 의사결정이다.

예를 들어 신상품 런칭광고를 하는데 TV광고를 할 것인가, 신문광고를 할 것인가, 아니면 옥외광고를 할 것이가를 의사결정하는 것은 전략이다.

만일 TV광고를 결정하였다면 KBS, MBC, SBS 등 어디를 이용할 것인가, 그리고 어떤 프로에 언제 노출할 것인가를 결정하는 것 등이 바로 전술이다.

즉, 전술이 전략을 집행하기 위한 단기적 실행계획이라면 전략은 장기적 선택의 문제로 쉽게 변경되지 않는다.

기업이 성장, 발전하기위해 실행하는 전략은 크게 다음과 같이 5가지로 나누어 볼 수 있다.

1. 그룹(Group) 차원의 기업 전략(Corporate Strategy)
2. 단일기업 전략
3. S.B.U.(Strategic Business Unit)
4. 제품 전략(Product Strategy)
5. 브랜드 전략(Brand Strategy)

그룹차원의 기업전략이나 단일 기업전략으로는 사업의 철수(Divest), 통합(Integration), M & A, 기업인수(Acquisition), 계열확장(Diversified Firms) 등을 들 수 있는데, 이러한 전략은 흔히 마케팅 전략이라기보다 경영 전략이라 부른다.

S.B.U는 개별 기업내의 사업부 단위의 전략으로 새로운 사업으로의 진출이나 새로운 시장기회를 위한 전략이다. 제품 전략과 브랜드 전략은 회사의 마케팅 실무자나 개발 담당자의 주된 업무 분야로, 세제류를 예로 든다면 제품 전략은 세탁제품, 샴푸제품, 비누제품류 등과 관련된 전략이며, 브랜드 전략은 동일 제품군 내의 개별 상표별 전략을 말한다.

일반적으로 좁은 의미에서 마케팅 전략이라 하면 이와 같이 제품이나 브랜드와 관련된 전략으로, ① 신제품을 출시하고, ② 기존 제품을 유지, 관리하며, ③ 새로운 시장기회를 찾는 활동을 말한다.

여기서 경영 전략과 마케팅 전략을 좀 더 명확히 구분해 보면 과거에는 경영이 마케팅의 상위 차원이었고, 마케팅은 경영활동의 부분적 기능에 불과했다. 그러나 오늘날은 경영과 마케팅이 동일 차원으로 인식되고 있고, 경영활동 자체를 마케팅 활동으로 본다. 이것은 기업이 급변하는 시장환경과 소비자 변화 속에서 경쟁 기업과 차별화하고 능동적으로 대처하기 위해, 마케팅을 전체 기업전략을 실현하기 위한 핵심요소로 또는 기업의 궁극적 목표 달성을 위한 전략시스템의 중요 구성요소로 인식하고 있기 때문이다.

경쟁우위의 마케팅 전략

전략을 기업 전략, 사업부 전략, 마케팅 전략으로 구분해 보면 기업전략은 사업의 구조적 특성 분석을 통해 어떤 산업분야에 참여할 것인가, 사업부 전략은 어떻게 경쟁우위를 가져갈 것인가, 마케팅 전략은 특정 제품시장에서 어떻게 하면 경쟁사보다 더 유리한 브랜드 포지셔닝과 마케팅믹스 요소를 가져갈 것인가이다.

특히, 마케팅 전략은 표적시장에 대한 정의, 브랜드 전략, 제품 라인 정책, 제품시장 개발계획 등이 포함된다.

마케팅 전략에는 시장침투 전략, 신상품개발 전략, 시장개발 전략 등의 성장목표와 비용절감, 가격인상과 마케팅믹스 개선에 의한 매출증대등과 같은 수익목표가 있다.

시장/제품 매트릭스에 의한 성장 전략

	기존 제품	신제품
기존시장	시장침투전략	제품개발전략
신 시장	시장개발전략	다각화전화

시장침투 전략은 기존 시장에서 기존 제품으로 시장 점유율을 증대시키는 전략이고, 제품개발 전략은 기존시장에 신제품을 도입하는 전략이며, 시장개발 전략은 기존 제품을 가지고 새로운 시장을 개발하는 전략이다. 다각화 전략은 신시장에서 신제품으로 새로운 성장기회를 발견하는 것이다.

경쟁우위의 마케팅 전략은 Porter의 본원적 전략의 유형을 주목하여 살펴볼 필요가 있다. 어느 기업이 다른 경쟁기업에 비해서 높은 수익률을 얻는 데에는 크게 두 가지 방법이 있다.

첫째 방법은 동일한 제품을 훨씬 낮은 비용에 만들어 싸게 파는 방법이고, 둘째 방법은 다른 경쟁기업과는 다른 차별화된 제품을 제공함으로써 차별화를 하는데 소요된 비용 이상의 가격프리미엄을 받는 것이다. 전자를 비용우위(cost-based advantage)라고 하며, 후자를 차별화우위(differentiation advantage)라고 한다.

Porter는 위의 두 가지 경쟁우위의 전략, 즉, 비용우위와 차별화우위 전략의 선택과 그리고 제품의 폭이 얼마나 넓은가에 따라서 기업의 전략을 비용우위, 차별화, 집중화(focus)의 세가지로 나눈다. 집중화 전략은 다시 원가우위 집중화 전략과 차별적 집중화 전략으로 구분된다.

차별화전략은 경쟁제품이나 서비스에 비해 자사 제품이 소비자에게 독특하게 인식되도록 독창적이고 우월한 편익을 제공하는 전략이다.

품질/서비스/이미지/가격/포장/디자인 등 차별화

원가우위 전략은 제품 단위당 원가를 낮추어 이윤의 폭을 유지하면서 가격경쟁에서 유리한 이른바 경험곡선(Experience Curve)을 이용하여 시장경쟁을 약화시키는 전략이다.

집중화 전략은 시장세분화에 의한 특정 시장을 집중적으로 공략하는 전략으로 이때 원가우위 전략이나 차별화 전략을 사용한다. 최근에는 니치(Niche)시장을 집중적으로 공략하는 집중화 전략이 경쟁우위를 확보하는데 보다 더 중요해지고 있다.

경쟁우위의 마케팅 전략은 기업의 시장지위에 따라 다르게 전개될 수 있다.

구분	신상품 전략	마케팅 전략
시장 선도기업 (Market Leader)	▪ 혁신적/개량적 신상품을 경쟁기업에 앞서 출시 ▪ 풀라인(Full Line)상품정책 ▪ 새로운 영역으로 진출 - 부가가치가 높은 상품 영역 ※ 시장선도기업은 혁신고객층(Innovators)이 1세대 제품을 수용하고 나면 점차 가격을 내려 경쟁기업의 참여를 저지하고, 곧바로 2세대 제품을 준비하여 제품수명 주기를 의도적으로 빠르게 조절하면서 시장을 주도해 나감.	▪ 총시장 수요 확대 - 새로운 고객 창출 - 새로운 용도 개발 - 상품 가치 향상 - 사용횟수 확대 ※ 새로운 고객 창출 : 무스를 사용하지 않는 남성에게 무스를 사용하게 함 ※ 사용횟수 확대 - 양치질을 하루에 3번 : 333칫솔 ▪ 현재의 시장점유율 유지/확대 - 경쟁기업의 공격방어 - 경쟁기업에 선공격(선제방어) - 취약한 영역포기(수축방어)
시장 도전기업 (Market Challengers)	▪ 차별화된 신상품 개발 - 기존의 고정관념을 탈피한 개념의 신상품 - 선도 기업 제품의 약점을 해결해주는 신상품 ※ 도전 기업은 흔히 시장 1위 제품의 약점을 이슈화 하며 신상품을 출시 - 기존 제품들의 소비자 불만점 해소를 콘셉트화한 신상품 ▪ 2세대 제품을 선도기업보다 먼저 출시	▪ 시장 점유율 증대 - 경쟁기업에 대한 전면 공격 : 가격 할인전략/저가격 제품전략 - 경쟁기업의 여러 부분을 게릴라식으로 공격 : 좁은 영역에 집중공격 - 경쟁기업의 취약 부분 공격 ▪ 혁신적인 마케팅 전략 - 제품혁신 - 유통경로 혁신 - 서비스 혁신 전략 등
시장 추종기업 (Market Followers)	▪ 시장 선도 제품의 모방 출시 - 개발비용 절감 및 저가격 진입 가능 ▪ 디자인, 포장, 가격 등 부분적 차별화 상품화	▪ 선도 기업의 제품, 유통, 판촉 등 모방 - 투자 위험부담 감소 ▪ 안정적, 보수적 시장지위 확보
시장 니처기업 (Market Nichers)	▪ 틈새시장 공략 ▪ 특수 상품 개발	▪ 특수 니치시장 확보 - 대기업과의 경쟁 회피 ▪ 소규모 니치시장에서의 선도 - 기업 및 수익성 확보

한편, 경쟁우위의 마케팅 전략은 제품수명 주기에 따라서도 다르게 전개될 수 있다.

구분	신상품 전략	마케팅 전략
도입기	▪ 상품의 가치고지 - 기능적 가치 중심 ※ 신상품 출시 초기는 비용과 마케팅 노력이 많이 들고, 수익이 낮음	▪ 상표인지율 제고 ▪ 소매점 사업촉진 및 취급 확산 ▪ 상품의 초기구매 유도 - 사용기회 제공 판촉 강화
성장기	▪ 기능적 차별화 - 품질 향상, 새로운 특징, 새로운 모델추가 ▪ 기능적 가치 + 감각적 가치 ※ 판매가 급성장하고, 반복구매가 증가하며, 경쟁업체 참여와 경험곡선 효과로 인한 원가감소로 가격은 도입기보다 떨어지면서 수익은 증가하게 됨	▪ 상품 구매 확대 전략 - 사입, 진열 확대 - 절품 최소화 - 유통망 확장 ▪ 상품인지 광고를 선호광고로 전환 ▪ 새로운 세분 시장의 진입 준비
성숙기	▪ 심리적 차별화 - 제품 품질, 외관 등 심리 요소 리뉴얼 ▪ 감각적 가치+심리적 가치 ※ 성장률 저하, 가격 경쟁 심화, 시장규모 정체 등의 현상이 나타남.	▪ 마케팅 믹스 요소들의 변화 - 가격인하, 추가 서비스 - 이미지 광고 등 ▪ 수요 확대 전략 - 비사용자 소비 유도 - 신규 세분시장 진출 - 용도 확대 ▪ 리포지셔닝(Repositioning)
쇠퇴기	▪ 새로운 용도, 신기능의 신상품 도입 ※ 소비자 변화, 기술발전 등에 의해 상품의 진부화, 판매 및 이윤감소 등의 현상이 발생	▪ 생산량 축소, 시장철수 등 결정 ▪ 새로운 니치시장 개척 ▪ 선택적 마케팅 활동 - 마케팅 비용, 유통경로 등 제한 ▪ 저가격 또는 고가격 전략

마케팅 전략의 수립절차

마케팅 전략의 수립은 시장환경 분석에서부터 출발한다.

먼저 기업의 목표나 비전, 철학 등을 명확히 인식한 상태에서 거시환경, 과업환경, 내부환경 등을 분석한다. 특히 고객(Customers), 경쟁자(Competitions), 회사(Company) 등 3C분석을 철저히 한다.

다음은 시장분석을 통해 표적시장을 확인한다. 먼저 고객 욕구에 따라 시장을 세분화하고, 각 세분된 시장의 분석을 통해 가장 매력적인 목표시장을 선정한다. 아울러 목표고객에 어떻게 인식시킬 것인가 하는 포지셔닝 전략을 수립한다.

포지셔닝은 제품 콘셉트와 제품의 위상을 소비자의 지각 속에 위치시키는 활동으로 장기개념을 유지하면서 시장 상황에 따라 포지션을 변화시킬 수 있다.

시장세분화, 목표타켓, 포지셔닝 전략 수립이 끝나면 마케팅 목표를 수립한다.

마케팅 목표는 제품 콘셉트 전달을 위한 목표, 실제 거래상의 장애요인 제거를 위한 목표로써 가능한 구체적 숫자로 나타내고, 기간개념이 들어가 있는 목표로 한다.

예를 들어 '보조인지율 60% 달성'이 아니라 '6월 현재 보조인지율 20%를 12월 말 기준으로 60% 달성'과 같이 책정한다.

마케팅 목표 수립과 동시에 마케팅 목표와 일관성 있는 마케팅 믹스 전략을 수립한다. 마케팅 믹스 요소는 제품, 가격, 유통, 프로모션 등으로 고객의 가치와 기업이윤을 극대화 할 수 있도록 설계한다.

마지막으로 마케팅 전략이 효율적으로 실행되기 위해서는 전략의 수립과 동시에 실행을 위한 조직의 구성, 외부 협력기관과의 제휴, 실행된 마케팅 활동의 목표달성 정도와 문제점 파악, 그리고 그에 따른 마케팅 전략의 수정, 보완을 위한 조정 및 통제 방법 등을 명확히 제시한다.

마케팅 전략 체계도

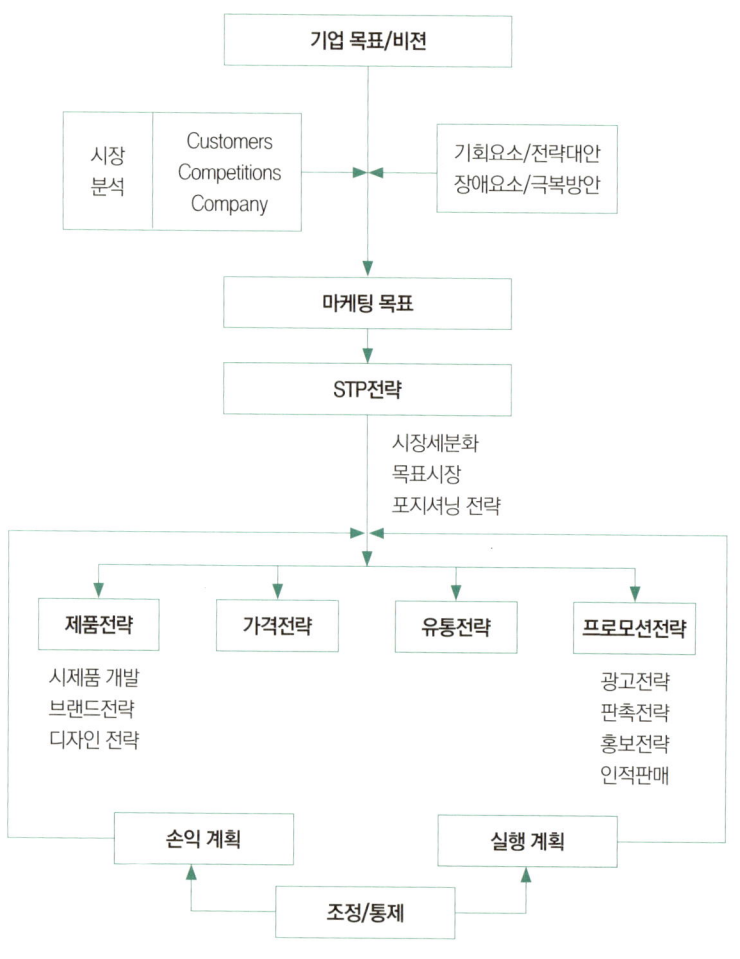

시장 환경 분석

마케팅은 변화되는 환경에의 대응이다. 환경변화는 소비자 욕구에 영향을 미치고, 기업은 소비자 욕구와 필요를 찾아 이를 해소시켜 주는 신상품 기회를 갖게 되고, 이를 바탕으로 기업성장을 이루게 된다. 결국 신상품은 우리 주변의 환경변화에 의하여 탄생되고, 탄생된 신상품은 또다른 환경조건을 변화시킨다.

때문에 시대에 맞게 요구되는 상품을 만들기 위해서는 변화되는 환경에 대한 분석과 예측이 중요하다. 특히 환경변화가 소비자 욕구에 미치는 영향에 주목해야 한다. 환경의 어떤 요소가 고객의 욕구에 어떤 영향을 미치고 이것이 제품에 어떤 영향을 미치며, 기업은 이에 어떻게 대처해야 하는지 검토하여야 한다.

또 환경분석은 현재의 환경뿐만 아니라 미래의 환경변화까지도 미리 예측하여 경쟁사보다 먼저 시장기회를 선점해 나가는 전략이 필요하다.

환경이란, 기업의 활동에 영향을 미치는 기업의 내부와 외부의 모든 요인을 의미한다. 이러한 환경은 크게 거시환경, 과업환경, 내부환경으로 구분할 수 있다.

거시환경은 기업의 입장에서 통제가 불가능한 외부요인으로 기업에 다양한 기회와 위협요인을 제공한다.

내부환경은 기업 내부의 정책이나 각 부문들의 능력을 의미하는 것으로 새로운 시장기회에 기업마다 서로 다른 강점과 약점을 가지고 있다.

과업환경은 기업의 마케팅목표 달성에 직·간접적으로 영향을 미치는 이해관계자인 개인 또는 조직체를 의미한다.

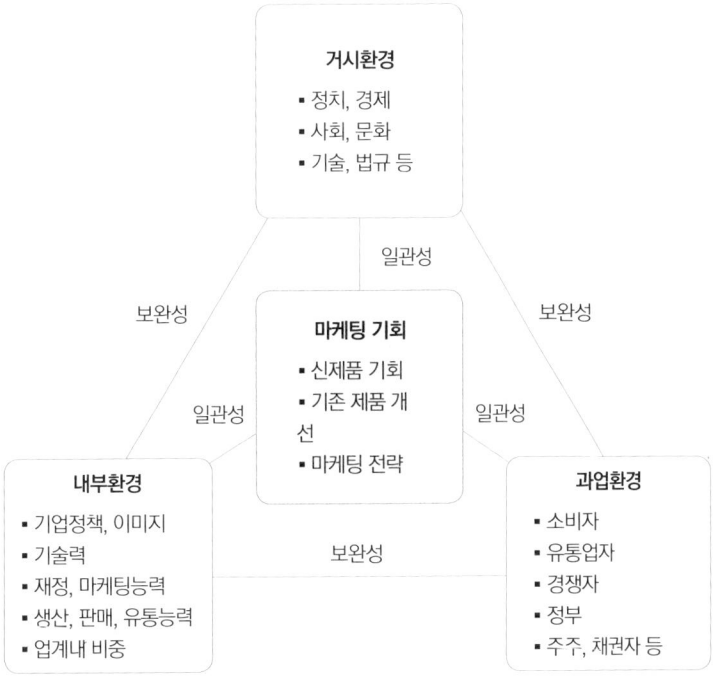

기회시장 탐색을 위한 환경분석 양식

거시환경 분석

구분	영향요소	시장에 미칠 영향	마케팅 전략에 미칠 영향/고려요소
부정적 영향요소			
긍정적 영향요소			

과업환경 분석

구분	영향요소	시장에 미칠 영향	마케팅 전략에 미칠 영향/고려요소
부정적 영향요소			
긍정적 영향요소			

내부환경 분석

구분	영향요소	시장에 미칠 영향	마케팅 전략에 미칠 영향/고려요소
부정적 영향요소			
긍정적 영향요소			

고객 욕구 분석

소비자 욕구는 소비자가 어떠한 문제를 해결코자 하는데서 발생한다. 즉, 어떠한 특정상황에서 가치를 추구하는 것이라 할 수 있다.

기업의 역할은 바로 이러한 소비자의 욕구를 찾아 제품으로써 그 문제해결을 도와주는 것이다. 즉, 기업은 소비자 욕구 해소차원에서 신제품의 기회를 발견하게 되고, 기존 제품을 개선하게 되며, 새로운 시장이나 새로운 사업기회를 갖게 된다.

따라서 소비자 욕구는 기업에게는 사업의 원천(Source of business)이며, 소비자 욕구를 찾아내는 일이야말로 마케팅에 있어서 가장 중요한 핵심요소라 할 수 있다.

소비자 욕구분석은 누가, 언제, 어디서, 어떻게, 그리고 왜 이 상품을 사용하는가를 소비자 욕구차원에서 분석한다. 왜(Why)는 그 제품의 속성이나 사용목적을 성능(Functional)이 중시되는 제품인가, 감각(Experiential)제품인가, 아니면 상징(Symbolic)제품인가에 따라 구분해야 하며, 어떻게(How)는 사용방법, 사용과정, 보완제품 등에 관하여 보다 구체적으로 기술해야 한다.

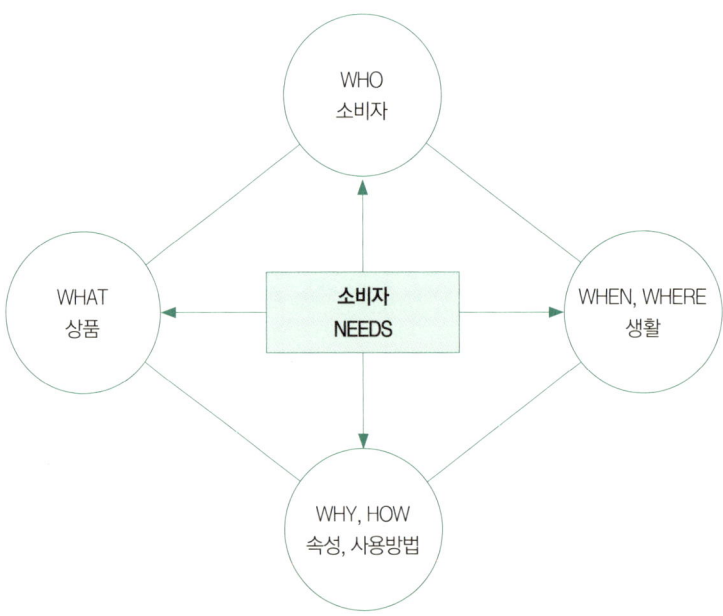

기존 시장에 대한 소비자 욕구를 분석하다 보면, 기존 시장의 개념을 소비자 입장에서 새롭게 다시 정의할 수 있고, 기존의 경쟁업체가 참여하거나 생각지 못한 새로운 기회시장을 발견할 수 있게 된다. 이를 위해 마케터는 어떤 시장을 있는 그대로만 보지 말고, 소비자 욕구 측면에서 보다 폭넓게 기존 사고의 개념을 바꿔서 바라보야야 한다.

욕구분석의 예 - 녹차시장

	왜	언제/어디서	어떻게	누가	불만점
제품	▪ 성능 - 건강에 좋다 - 숙취제거 - 피부미용 효과 - 손님접대 - 대화매체 - 청량음료 - 사색을 위하여 ▪ 감각 - 은은한 맛 - 은은한 향 ▪ 상징 - 중년층 호의적 - 품위 이미지 - 동양적, 전통적	▪ 언제 - 손님접대 - 식후에 - 음주 후에 - 여유를 즐길 때 - 건강을 생각할 때 - 무료함을 달랠 때 - 아침에 일어나서 ▪ 어디서 - 집안에서 - 직장에서 - 야외에서 - 자판기	▪ 사용방법 - 일회용(인스턴트) - 캔 녹차 - PET병 ▪ 사용과정 - 물을 - 끓여서 - 차게 해서 ▪ 보완제품 - 다기 - 한식 - 술 - 담배	▪ 연령별 - 중년층 - 노년층	- 끓이기 번거롭다 - 찌꺼기 처리 - 갈증해소 불가 - 씁쓸하다 - 향이 약하다 - 개운한 맛이 적다 - 맛맛하다

고객분석을 위한 조사 방법

1. 소비자 조사 체계

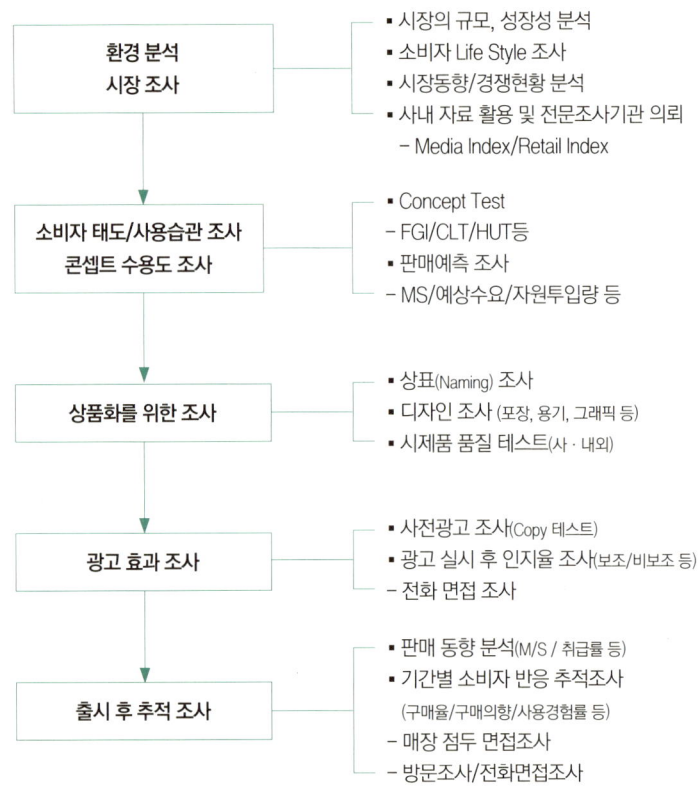

2. 소비자 조사의 방법

마케팅 전략 수립이나 신상품 개발을 위해 주로 사용되는 소비자조사 방법은 다음과 같다.

정성조사 (Qualitative survey)	▪ 소비자와 자유로운 토론을 통해 자료 수집 ▪ 계량조사에 앞서 전반적인 상황파악, 계량화 어려운 소비자 심리상태 파악	▪ FGI(Focus Group Interview) - 여러명의 응답자와 동시 면접 - 소비자들의 의견, 태도, 사용습관, 인식 등을 찾아내기 위한 정량조사의 사전조사 - 1그룹은 보통 8명정도로 구성되며, 특별한 시설이 된 FGI Room에서 면접이 이루어짐. ▪ Depth Interview(심층면접) - 면접 진행자가 1명의 응답자와 1:1 면접
정량조사 (Quantitative survey)	▪ 설문지를 이용하여 수치화된 자료를 수집하는 계량적 조사방법	▪ 서베이(survey)조사(A&U 조사) - 조사원들이 설문지 조사를 통하여 제품관련정보를 수집 - 시장의 전반적인 상황파악, 제품구매 및 이용실태, 상표 및 광고 인지도, 상표별 속성 평가 등 마케팅 전략 수립의 기본자료 수집 - 거리, 점포앞 면접, 방문 면접, 전화 면접 등
		▪ Gang survey - 일정한 장소에 동시에 모여 응답자로부터 자료 수집 - 보조물(사진, 시제품 등)을 제시하여 설문지 작성 ※ 식품 맛 테스트
		▪ CLT(Central Location Test) - 응답자를 일정한 장소에 모이게 한후 시제품, 광고 카피 등에 대한 소비자 반응조사 - 응답자가 일정시간내 자유롭게 조사장소를 방문하여 개인면접형식으로 조사
		▪ HUT(Home Use Test) - 제품을 일정기간 사용하게 한후 소비자 반응을 조사 ※ 콘셉트 테스트시 처음 콘셉트 보드만을 제시하여 콘셉트에 대한 반응을 체크한 후 시제품을 주어 일정기간 사용하게 한 다음 다시 반응을 체크함으로써 콘셉트와 실제 제품이 어느 정도 차이가 있는지를 확인함(Concept & Use Test)

3. 상품 개발 단계별 주요 조사내용

1) 그룹인터뷰(집단면접법) - FGI (Focus Group Interview)

① 특정한 조사 테마에 관해서 문제의 소재 명확화 및 가설 발견
- 소비자들의 니즈와 불만점 파악
- 아이디어 창출과 콘셉트 도출을 위한 가설 만들기
- 아이디어와 콘셉트 스크리닝

② 1그룹에 8명 정도로 구성하여 집단 토의

③ 단기간, 저비용으로 실시할 수 있으나 진행방법, 참석자의 편견 등에 따라 신뢰성에 문제가 있을 수도 있어 정보수집과 가설설정에 한정하여 활용

일반적으로 신제품 개발을 위한 소비자 조사는 정성조사를 거쳐 정량조사에 들어가게 되는데 이미 개발하고자 하는 가설 콘셉트를 가지고 있는 경우는 정량조사를 먼저하여 개발하고자 하는 제품 콘셉트에 대한 소비자들의 수용도 및 반응을 먼저 분석하고, 정량조사에서 파악하지 못한 소비자 니즈를 다음 정성조사에서 깊이있게 다루어 콘셉트를 수정, 보완할 수 있다.

한편, 최종 가정유치조사(HUT)단계에서는 최종 콘셉트 및 시제품에 대한 소비자들의 반응을 알아봄으로써 콘셉트력 및 제품력 비교평가를 통한 제품의 개선점 및 최종 콘셉트를 도출하게 된다.

2) 사용실태 및 태도 조사

① 개발하고자 하는 상품 카테고리에 관한 소비자의 니즈와 행동을 파악하고 시장의 기본정보를 얻는 데 활용
- 소비자의 행동실태(동기, 만족도, 기내욕구 등) 파악
- 보유율, 경험율, 사용실태, 사용빈도, 비사용 이유 등 파악
- 제품인지 및 관련정보

② 실태수준에 대한 현상 인식과 문제점 추출

③ 실태조사는 정기적으로 시행하여 1회만의 조사로 분석할 수 없는 점을 그 변화의 추세로 파악하는 것이 바람직
　　④ 방문면접 또는 유치조사

3) 아이디어 스크리닝

　　① 추출된 아이디어에 대해 소비자 측면에서 평가를 행하고, 개발대상으로써의 우선순위를 발견
　　② 하나하나의 아이디어를 상품 콘셉트로 완성시키고 문장에 의해 표현
　　③ 한명의 대상자에 대해서 모든 아이디어를 제시하고 반응을 측정
　　　ⅰ) 각 콘셉트를 로테이션하면서 하나씩 제시하고 반응측정
　　　ⅱ) 모든 콘셉트를 동시에 제시하고 반응체크
　　　　※ ⅰ), ⅱ)의 경우 모두 콘셉트에 대한 측정결과로 상대비교하여 어느 콘셉트에 대한 요구가 강한가 판정
　　④ 면접조사(방문조사 또는 CLT)

4) 콘셉트 테스트

　　① 하나의 콘셉트가 얼마나 소비자 욕구에 부응하는가, 동시에 콘셉트 자체의 문제점과 개선점을 발견
　　② 콘셉트는 독특성, 차별성, 중요성, 신뢰성, 구매의향 등을 평가
　　③ 콘셉트 보드 제시
　　　- 콘셉트 보드는 가능한 실제제품이 출시되었을 때와 같은 상태로 보여줌(제품형태, 디자인 등)
　　　- 콘셉트 보드상에 가격, 브랜드, 제조회사명도 표기
　　　- 콘셉트의 표현내용이 다소 과장적이어도 무방
　　　- 콘셉트 문안은 제품 속성 중심 혹은 광고문안 형식으로 작성
　　④ 면접조사(방문조사 또는 CLT)

5) 제품 테스트 – HUT(Home Use Test)

① 시제품의 효능이 만족할 만한 수준인가를 평가
   - 기존 제품이 있는 경우 그것과 비교해서 평가
   - 동시에 문제점 발견 및 제품개량에 관한 정보 획득
② 제품의 콘셉트 평가와 수요량 측정을 위해 출시제품에 대해 실제 사용후 소비자들의 반응 파악
③ 제품화의 어느 단계에 있는가, 무엇을 체크하는가, 다른 시판제품이 있는가 등의 제조건을 고려해서 조사설계를 함
④ 절대평가와 비교평가

6) 콘셉트와 제품 테스트

① 제품 콘셉트가 완성되고, 시제품의 개량이 완료된 단계에 테스트 마케팅 또는 전국 발매전에 제품 콘셉트의 매력도와 제품 만족도를 종합적으로 평가
   - 제품의 콘셉트와 제품의 경쟁력 비교 평가
   - 이 결과에 따라 테스트 마케팅 또는 시장도입 여부를 결정
② 테스트 순서
   i) 콘셉트 보드에 의한 반응 체크 및 구매의향 소비자에게 시제품 배포(면접조사)
   ii) 일정 기간 유치후 제품사용 평가
   iii) i), ii) 의 결과를 종합하여 최종 콘셉트력 및 제품력 평가
③ 제품의 개선점 및 최종 콘셉트 도출

■ 콘셉트의 확정단계

제 1단계 : 가설 콘셉트 제시	콘셉트 보드 (1차)
제 2단계 : 제품 콘셉트 수정	콘셉트 보드 (2차)
제 3단계 : 최종 콘셉트 결정	콘셉트 보드 (3차)

7) 상표 발굴 조사

① 제품 콘셉트를 최대한 반영하여 소비자에게 효과적으로 어필하는 상표 발굴
- 전문기관의뢰, 자체상표발굴, 엽서응모, 사내응모 등을 통해 다수의 상표안 수집
- 출원 가능 상표에 대한 법적 등록 가능성 검색작업
- 인지율이 가장 높은 상표를 발굴하기 위한 후보상표의 상기율 조사실시

② 발굴상표 다수중 4~5개 안의 주요상표 선정

③ 공모 검색 최종선정의 3단계 조사
- 1단계 : 상표 발굴 작업
- 2단계 : 법적 등록 가능성 검색작업
    ※ 선등록 상표뿐 아니라 선출원된 상표가 있는지를 검색
- 3단계 : 소비자 대상의 상표 상기율 조사(콘셉트 보드 테스트법)

■ 콘셉트 보드 테스트법

상표 후보안의 수대로 콘셉트 보드를 만든다. 콘셉트 보드에는 신문광고 하는 것과 같은 방식으로 제품의 콘셉트를 기술하고, 후보 상표안을 각 콘셉트 보드에 로고(Logo)화 시켜 넣는다. 또는 용기에 표기된 상태로 그려 넣기도 한다.

후보상표 1	후보상표 2	후보상표 3	후보상표 4
콘셉트 보드 (상표 ○○○)	콘셉트 보드 (상표 ○○○)	콘셉트 보드 (상표 ○○○)	콘셉트 보드 (상표 ○○○)

8) 패키지디자인 조사

① 기능 소구 제품의 경우 직접 표출이 가능한 콘셉트 위주로 디자인

전개

② 기존 경쟁제품과 진열상 우위가 뚜렷한 시각적 디자인 검토
③ 제품의 이미지와 연계되도록 디자인
④ 여러 개의(안)중 콘셉트와 관련, 복수선정
⑤ 경쟁제품과 진열 평가 : 완성된 최종제품을 기존상품과 비교되도록 실제 점두에 진열해 놓고 대상자에게 제시하여 그 반응을 체크 (Shop Simulation)

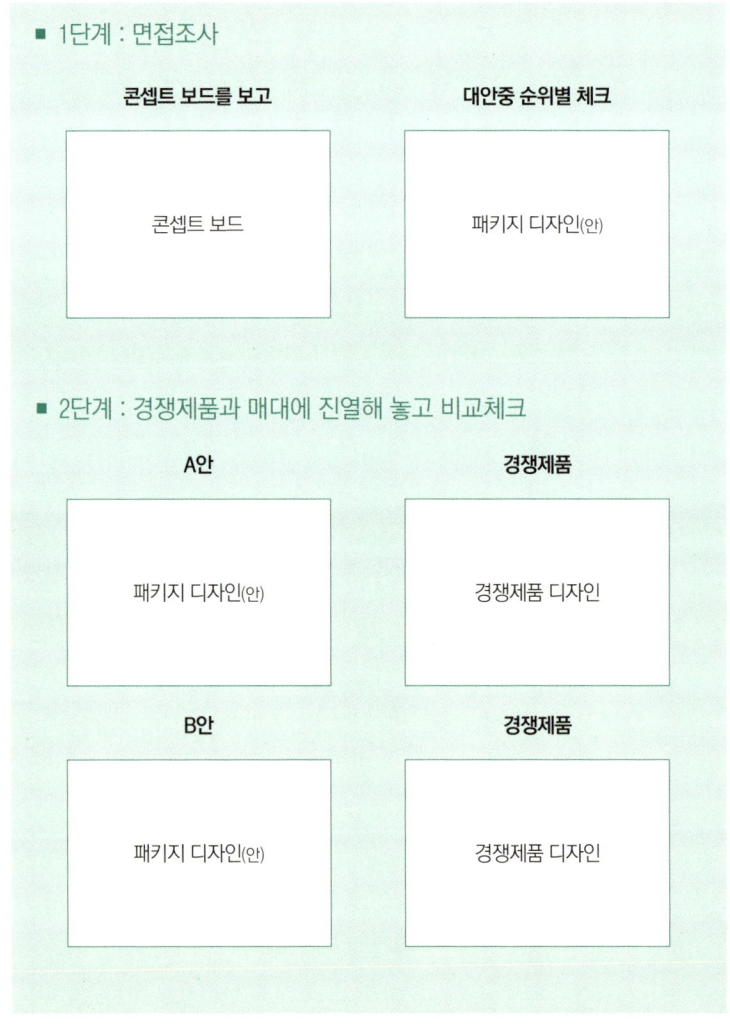

9) Creative Research

① TV, 신문, 잡지 등의 광고 표현 시안을 소비자에게 제시해서 평가하고 표현의 개선점을 찾거나 복수의 시안 가운데서 선택하는 경우 실시

② 상품의 특성이 어느 정도 이해되는가와 광고의도가 어느 정도 전달되는가 조사

③ 완성에 가까운 광고물을 제시하고 전체적인 인상, 이해도, 구매의욕, 환기도 등을 평가

④ On-Air 테스트
  - 일정지역 내의 소비자에게 완성된 광고를 실제로 노출해서 그 반응을 측정

10) 테스트 마케팅(Test Marketing)

① 신상품을 전국 단위로 발매하기 전 어느 특정지역을 선정하여 일정기간 시험판매

② 이 테스트 결과에 따라 전국 발매시의 매출 예상으로 전국 도입 여부를 결정

③ 문제점의 사전발견으로 시행착오 방지 및 전략 보완 수정

④ 비용과 시간이 많이 소요되고, 경쟁사에 중요한 정보를 노출시키는 단점이 있으나 투자액이 크고 완전히 새로운 타입의 신상품인 경우는 반드시 시행

⑤ 실시지역은 대표성이 있어야 함

⑥ 실구매와 반복구매의 정도 파악을 위해 최소 6개월이상 실시 ⑦ 조사대상은 판매점과 소비자

판매점	소비자
- 상품의 진열 상황 - 상품의 판매량(시간당/경쟁제품비) - 구매자 특성 - 프로모션 상황(POP 등) - 메이커의 제시책에 대한 평가 (상품/광고/프로모션/판매사원 등)	- 광고, 프로모션에의 접촉 정도 - 상품특성이해, 선호도, 구매의향, 구매경험, 재구매의향 등 - 사용뒤 평가(제품평가/커뮤니케이션 평가/판촉평가)

11) 추적조사(Tracking Survey)

① 신제품 도입후 소비자 반응을 시계열적으로 파악

② 상표인지율, 구매율, 사용율, 반복구매율, 구매의향율, Mind Share 등 평가

③ 신상품 개선, 경쟁대응 및 마케팅 전략 수립에 적극 활용

④ 보통 2개월, 혹은 분기 단위로 조사 및 제반 지표 변화 추이 분석

4. 마케팅 조사의 일반적 절차

1) 조사설계

① 문제의 제기

- 전체적인 마케팅조사의 방향을 설정하기 위한 단계로써 마케팅 활동을 수행하는 데 발생하는 문제점을 해결하고 기회를 포착하기 위한 단계 → 마케팅 상황분석, 문헌조사, 관련 부서 협의 등의 결과를 통합해 정의.

② 가설의 정립

- 설정된 문제를 해결하기 위해 측정 가능한 변수로 재구성하여 이들 변수들 간에 성립될 수 있는 관계를 규정해주는 단계

예) '냉장고에 바이오(Bio) 기능을 추가할 경우 소비자 선호도는 높아질 것이다'

③ 조사 설계

- 조사과제에 대한 통합적 검토 : 조사를 실시해야 할 배경 및 조사목적, 연구과제 및 가설, 결론에 접근하기 위한 조사모형도의

작성, 세부적 조사 내용의 결정을 포함하는 단계이다.
- 조사방법 및 조사프레임(Frame) 설정 : 조사목적의 효율적 달성을 위한 조사방법의 결정, 표본의 크기 및 표본추출방법 결정, 조사지역 및 조사대상의 결정, 기타 분석방법에 대한 내용을 포함한다.
- 예산 및 조사일정의 수립 : 조사를 수행하는 데 따르는 인원 및 예산, 세부적 일정에 대한 계획을 작성하는 단계

2) 설문지 작성

① 개별항목의 내용 결정
- 질문의 내용을 결정하는 단계로 해당 질문이 꼭 필요한지 여부와 응답가능여부를 고려해야 함.

② 질문형태의 결정
- 질문내용에 따라 '개방형' '선택형' 등 질문형태를 결정하는 단계로 이후의 통계분석을 고려해야 함.

③ 개별항목의 완성
- 질문내용을 보다 명확히 응답자에게 전달하기 위해 질문의 워딩(Wording)을 간결하고 명료하게 손질하는 단계

④ 질문순서의 결정
- 질문순서에 따른 바이어스(Bias)와 응답자의 응답거부 등을 막기 위해 질문지 순서를 재구성하는 단계

⑤ 설문지 외형결정
- 실질적으로 배부될 질문지가 응답자의 자발적인 협조를 구할 수 있도록 크기, 지시문 등 외형을 결정하는 단계

⑥ 사전 조사(Pre Test)
- 가상적인 응답자를 대상으로 실제 조사를 실시해 봄으로써 설문지상의 오류를 사전에 발견, 수정하는 단계

3) 자료의 수집 및 실사

조사목적이나 자료의 특성에 따라 '자료의 다양성' '자료수집과정의 신속성 및 비용' '수집된 자료의 객관성' 등을 기준으로 적절한 자료수집 방법을 결정하는 단계로써 조사설계시 함께 고려되어야 한다. 가장 일반적인 자료수집방법으로는 질문지를 이용한 '1:1개별면접'과 심층적 동기와 니즈 파악을 위한 '집단심층 면접법(FGI-Focus Group Interview)'가 가장 많이 활용되고 있다.

4) 분석 및 보고서 작성

수집된 자료의 코딩(Coding), 펀칭(Punching), 에디팅(Editing), 프로그래밍(Programming) 과정을 거쳐 자료를 분석하고 해석한 다음 최종보고서를 작성한다. 일반적으로 조사보고서에 포함되는 내용은 조사설계 및 진행 과정에 대한 개요, 조사결과의 기술, 조사결과의 요약, 결론 및 제언, 조사의 한계점 등이다.

5. FGI 진행 방법

1) F. G. I 진행순서

① 연구과제 설정 및 조사계획

1:1 개별면접과 마찬가지로 연구과제에 대한 조사목적의 정의, 조사목적을 달성하기 위한 구체적인 방법과 절차의 수립이 필요하다.

특히 집단 심층면접의 경우는 '실험적 성격'과 '진단적 성격'이 강한 조사방법으로써 조사자가 토론의 상황이나 실험의 조건을 효과적으로 통제하기 위한 기법이 필요하다.

② Topic Guide 작성

토론의 전반적인 흐름이나 토론 내용을 통제하기 위하여 작성하는 것으로써 1:1 개별면접의 설문지에 해당하나, 주로 토론의 주제별로 질문내용과 통제시간 등을 기록해 둔다.

③ 참석자 선정 및 리쿠르팅

조사 대상의 조건에 맞는 참석자를 찾아 참석 협조를 부탁한 후 시간과 장소에 대한 자세한 안내를 사전에 해둔다.

간담회 진행 당일에는 반드시 참석 여부를 다시 체크하여 참석이 어려울 경우 다른 사람으로 교체한다.

참석자들에게 조사의 목적이나 조사내용 관련회사 등을 미리 알리게 되면 이러한 내용에 관해 토론 전에 선행적인 학습이 이루어질 수도 있으므로 절대 금해야 한다.

④ 간담회실 예약 및 소품 준비

토론에 필요한 각종 기자재(콘셉트 보드, 시제품, 필기구, 설문지 녹화/녹음 테이프 등)를 사전에 점검해두고 FGI Room의 사용예약과 더불어 CC카메라, 마이크시스템, 녹화장치 등의 정상 작동 여부를 체크한다.

⑤ FGI 진행

토론의 진행은 최대한 자유스럽게 유도하며 이를 위해 간단한 음료 및 다과, 경우에 따라서는 약간의 주류(캔맥주)를 곁들이는 것도 효과적이다. 토론의 진행중에는 참관자가 지켜보고 있다는 사실을 알지 못하도록 유의해야 하며, 진행자가 자리를 떠나는 것은 되도록 삼가해야 한다.

⑥ 녹음해독(Ditation)

토론의 내용을 조사자와 기록자가 함께 녹음해독하는 과정으로써 조사 주제별로 또는 참석자 그룹별로 정리를 해두는 것이 결과의 해석이나 보고서 작성에 효율적이다.

⑦ 조사보고서 작성

FGI 조사보고서는 양적인 근거(통계적 자료)보다는 토론의 진행중 나타난 소비자 태도나 응답의도 등을 조사자가 심층적으로 분석하고, 여기에 조사담당자의 개인적인 의견이 포함되어 작성된다.

2) FGI의 Moderator 기법

　Moderator란 소비자 집단심층면접을 진행하는 전문적인 진행자를 말한다. 전체적인 토론의 방향과 분위기를 조사목적에 맞게 통제하는 기술과 함께 참석자의 심층적인 동기와 니즈를 파악해낼 수 있는 심리학적 지식을 필요로 한다. 아래의 내용은 FGI를 효율적으로 이끌기 위해 사회자(Moderator)가 필수적으로 갖추어야 할 자세와 각각의 상황에 대처하는 기술을 요약 정리한 것이다.

- 얼굴 표정을 읽어라. 참석자들은 종종 그들의 반대 의견이나 이견(異見)을 말로써가 아니라 얼굴 표정으로 나타낸다.
- 참석자들이 서로 간에 이야기할 수 있도록 독려하라. 집단토론(Group Discussion)은 사회자와 참석자 간의 단순한 대화가 아니다.
- Group Moderating에는 한 가지 방법만 있는 것이 아니다. 사회자 자신에게 가장 편하고 적절한 길이 가장 좋은 방법이다.
- 사회자는 해당 문제에 대해 특정 견해를 갖고 있지 않다는 것을 참석자들에게 분명히 인식시켜라.
- 소비자는 모든 문제에 대해 똑같은 관심을 가지고 있지는 않다. 즉, 그 상표에 대해 그들의 관심 부족 역시 하나의 발견 내용이 될 수 있다.
- 모든 참석자를 존경하는 마음으로 대하라.
- 해당 그룹과 상이한 의견을 갖는 그룹도 있을 수 있다. 이 상이한 의견을 갖는 그룹에서 이야기했던 내용을 해당 그룹에 이야기 해주어도 좋다. 이러한 방법은 해당 토론 그룹을 자극시키는 효과도 있게 된다.
- 참석자들이 언급한 내용에 충분한 주의를 기울여라. 그러면 보다 더 빨리 앞뒤가 상충되는 참석자들의 이야기를 감지하여 정리할 수 있다.
- 참석자들을 강요한다거나 이용한다고 느껴 스스로 꺼려할 필요는 없다.
- 첫소개를 마친후 첫째 문제를 제기할 때 특정한 응답자를 지적하지 않고, 자발적으로 이야기하도록 유의하라. 또한, 매번 응답자를 지적하여

응답을 구하면 그뒤엔 자발적인 응답자의 의견발표가 어렵게 된다.
- 토론에서 다양한 응답자를 일찍 구분하라. 그래서 말을 많이 하여 토론을 좌지우지하려는 사람과, 그 반대로 초점이 없는 이야기를 하는 사람을 구별하여, 이 점을 의식하면서 진행하라.
- 되도록이면 질문을 간단하고, 명확하고, 간결하게 하라.
- 단지 '예' '아니오'라는 대답이 나오지 않도록 질문하라.
- 토론이 쉽게 전개되지 않으면 참석자들에게 '여기에 계신 님께서 하신 말씀에 동감하시나요?'라고 물으면서 독려한다.
- 토론을 시작하기 전에 미리 솔직히 이야기해 줄 것을 부탁하라.
- 어떠한 사람이 너무 오래 이야기하지 못하게 하라.
- 어떠한 참석자가 만약 주제에 어긋난 방향으로 이야기한다면 '아! 그 문제 역시 흥미있군요. 하지만 이러이러한 문제에 대해서는 어떻게 생각하고 계신지를 말씀해 주시겠습니까?'라고 하여 방향을 잡아라.
- 어떤 사고나 행동이 관습적으로 변한 것일 경우에도 사회자는 끈질기게 파고들어가라.
- 그러나 그러한 이야기가 논란을 일으킬 것 같으면 그 이전에 사회자와 참석자들 간에 이전 정도의 친밀감이 들게 조성하라.
- 자세히 탐문하는 것은 중요한 일이다. 여기에는 몇 가지 방법이 유용한데 웃는듯한 표정으로 간단히 그냥 '오?'라고 하거나 아니면 질문을 해도 된다.
- 말 없이 가만 있는 것도 중요한 사회자 기법이다. 사회자가 말을 멈추고 잠시 침묵을 지키는 것도 다른 참석자로 하여금 이야기를 꺼내게 하는 좋은 방법이다.
- 계속해서 똑같이 '왜 그렇습니까?'라고만 물으면 참석자들은 싫증이 나게 된다. 또한, 그들은 스스로를 방어하여 응답을 회피하게 된다. 따라서 가능하면 다른 문장과 용어를 적절히 변경시켜가면서 다양하게 질문해야 한다.

- Topic Guide를 잘 숙지하라.
- 만약 어떤 참석자가 나중에 토론할 문제를 미리 끄집어내면 그 문제를 나중에 토론할 것이라고 알려준 후에 원래의 흐름으로 돌아가라.
- 그 참석자가 무엇을 말하려 하는지를 요의주시하라. 즉, 상이한 참석자들의 중요한 의견을 나중에 참고삼기 위해 기억해둘 필요가 있다.
- 참석자의 수준에서 질문하고 이야기하라. 그들은 전문인이 아니다.
- 한 주제나 문제를 제기할 때는 가능한 다수의 응답자를 고려하여 '나머지 분들은 어떻게 생각하십니까?' 라고 묻거나 다른 응답자가 이의를 갖고 있을 것 같을 때에는 '나머지 분들은 정말 OO씨의 의견에 동의하시나요?' 라고 물어보아라.
- 참석자가 질문한다고 해서 대답하지 말라. 그 질문을(만약 유용한 질문이라면) 다른 사람에게 대답하도록 유도하라.
- 자신의 시선이 어디에 가 있는지 주의하라. 질문할 때 한 곳만 쳐다보지 말고 여러 명을 골고루 둘러보며 질문하라.
- 시제품을 응답자에게 보여줘야 할 경우에는 토론의 통제에 보다 신경을 써야 한다. 왜냐하면 응답자들은 시제품에 대한 자신의 태도에 대해 모두 한마디씩 하려고 하기 때문이다.
- 사회자는 자신의 얼굴표정에 조심하라. 어떤 사람에게라도 '알겠습니다' 라는 말이나 그 이상의 의미로써 표정을 나타내지 않도록 조심해야 한다.
- 토론의 분위기는 다른 무엇보다 중요한 요소이다. 토론의 처음 부분에는 일상적인 잡담으로 분위기를 좋게 할 필요가 있다.
- 참석자 모두가 편안한 느낌이 들도록 하라. 사회자가 편안한 느낌을 조성하지 못하면 토론은 절대로 부드럽고 활발하게 진행되지 못한다.

SWOT 분석과 전략 방향

외부환경에서 오는 다양한 기회와 위협, 그리고 내부환경의 강점과 약점을 분석하여 효과적인 전략을 수립하는 과정이 S.W.O.T 분석이다. 즉, S.W.O.T 분석은 강점(Strengths), 약점(Weaknesses), 기회(Opportunities), 위협(Threats)의 요인을 평가하여 바람직한 전략을 수립하는 과정이다.

S.W.O.T 분석을 통한 전략 대안은
① 강점을 가지고 기회를 살리는 전략 대안,
② 강점을 가지고 위협을 회피하는 전략 대안,
③ 약점을 보완해서 기회를 살리는 전략 대안,
④ 약점을 보완하여 위협을 극복하는 전략 대안 등이 있을 수 있다.

SWOT 분석

	강점	약점
기회		
위협		

→	시장기회/ 전략대안	

SWOT 기회와 위협의 분석

분석요소	기회	위협
경제환경		
정치환경		
사회/문화환경		
산업환경		
기술환경		
원료시장		
경쟁환경		
소비환경		
국제환경		

SWOT 강점과 약점의 분석

분석요소		강점	약점
판매규모			
시장점유			
수익성			
마케팅 조직			
마케팅 믹스	제품		
	가격		
	촉진		
	유통		
마케팅 목표			
마케팅 전략			

STP전략과 마케팅 믹스 전략 수립

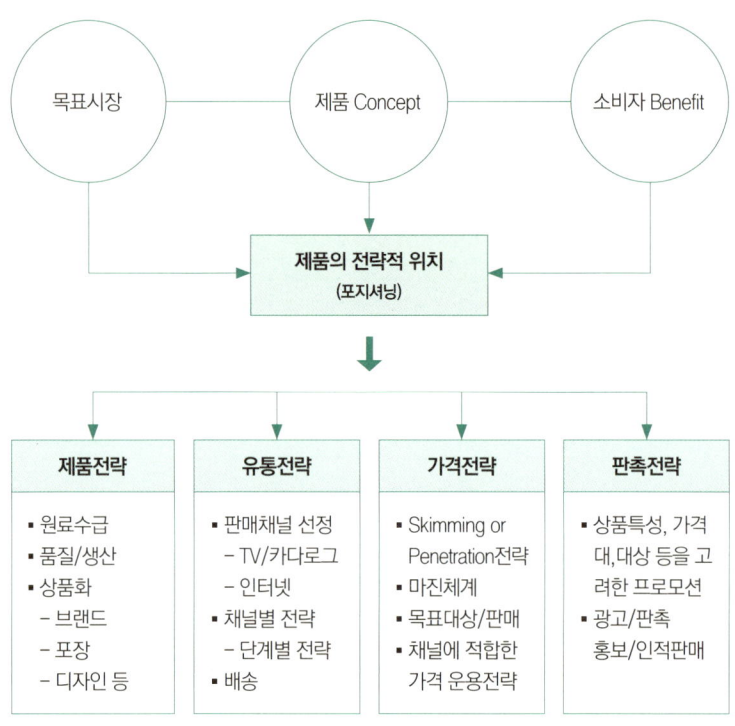

STP전략은 시장세분화(Segmentation), 대상(Target), 포지셔닝(Positioning)을 말한다.

시장세분화란, 시장 내에 어떤 소비자들이 구성되어 있으며 이들은 각각 어떠한 욕구를 가지고 있는가, 또 이들 소비자를 동일한 욕구를 가진 하나의 집단으로 보고 마케팅을 전개할 것인가, 아니면 서로 다른 욕구를 가진 여러 개의 세분시장으로 구분할 것인가를 결정하는 것이다.

소비자 욕구는 언제나 변화한다. 또 욕구의 변화는 시장의 변화를 의미한다. 변화하는 욕구와 그에 따른 시장에서 기업에게 무엇보다 중요한 것은 이러한 변화를 경쟁자보다 빨리 파악하는 일이다. 또 변화하는 욕구는 시장을 새롭게 세분화할 수 있는 바탕이 된다. 그러나 어떠한 기준으로 기존의 시장과 변화하는 시장을 구분하고, 어떠한 변수에 의하여 시장을 세분화할 것인가는 그다지 용이하지 않다.

대개의 경우 어떤 신상품이 최초로 탄생되어 시장이 형성되면 초기에는 소비자의 욕구가 단순하지만 점차 시장이 성숙화됨에 따라 소비자의 욕구가 다양해지고, 신규참여 업체도 많아지게 된다.

이런 경우 기업이 전체시장을 대상으로 무작정 마케팅 활동을 하는 것보다 전체시장 속의 세분된 특정시장을 표적으로 삼아, 표적시장의 소비자 욕구에 대응하는 마케팅 활동을 해야 한다. 이 경우에도 표적시장을 선정하기에 앞서 전체시장의 소비자 욕구가 얼마나 다른가를 확인하고 이를 바탕으로 시장을 세분화해야 한다.

시장은 소비자의 욕구가 무엇인지를 찾아가는 과정에서 확인할 수 있다. 그러나 기업능력과 효율성 면에서 볼 때 확인된 모든 세분시장을 대상으로 마케팅 활동을 할 수는 없고, 같은 비용을 투입하여 가장 큰 성과를 거둘 수 있는 시장을 선택하여 마케팅 활동을 집중하게 된다. 이것이 바로 목표시장 전략이다.

즉, 어느 하나의 상품이 욕구가 서로 다른 모든 소비자를 만족시킬 수 없고, 또 각각의 세분화된 시장에 맞춰 각각의 서로 다른 상품으로 대응하기도 기업의 부담이 너무 크기 때문에 기업마다 자사 상품을 실질적으로 구매할 수 있는 최적의 목표시장을 선정하여 대응함으로써 최소의 마케팅비용으로 최대의 효과를 거두려 한다. 그러기 위해서는 고객의 욕구 변화를 파악하고 다양한 욕구의 차이에 따라 시장을 나누는 작업이 먼저 선행되어야 한다.

시장세분화 마케팅은 고객의 욕구를 명확히 이해할 수 있기 때문에 포지셔닝이 분명해지고, 차별화된 시장기회를 포착할 수 있다. 또 차별화를 통한 마케팅으로 가격경쟁을 피할 수 있고, 세분된 시장에 집중함으로써 효율적인 마케팅이 가능하다.

이러한 시장 세분화의 전제조건은 다음과 같다.

① 동질성(Identifiability)

세분시장 내 소비자욕구가 동질적이어야 하고, 비슷한 성향을 가지고 있어야 한다.

② 접근가능성(Accessibility)

세분시장이 어떤 특성을 가진 소비자들로 구성되어 있고, 이들에게 접근할 방법이 무엇인지 알 수 있어야 한다. 즉, 매체를 통하여 목표소비자들에게 신상품을 알릴 수 있어야 한다.

③ 측정가능성(Measurability)

각 세분시장의 규모와 구매력의 측정이 가능해야 한다.

④ 실천성(Substantiality)

세분된 시장이 독자적인 별개의 마케팅 활동을 실행할 수 있을 정도의 수익성과 가치가 보장되어야 한다.

⑤ 차별적 반응

하나의 마케팅믹스 전략에 각각의 세분시장이 서로 다르게 반응이 나타나야 한다.

포지셔닝 전략이란, 세분화된 시장중에서 표적시장을 정한 후 경쟁제품과 다른 차별요소를 표적시장 내 목표고객의 머릿속에 인식시키기 위한 마케팅 믹스 활동을 말한다. 즉, 제품 포지셔닝은 어떤 제품이 경쟁제품과는 다른 차별적인 특징을 갖도록 하여 표적시장 내 소비자 욕구를 보다 더 충족시킬 수 있음을 소비자 인식 속에 위치시키는 것으로 광고, 포장, 디자인, 촉진활동 등의 수단을 총동원하여 소비자 인식에 영향을 준다.

오늘날 제품과 각종 매체, 정보의 홍수로 자사제품의 차별적 이미지를 소비자 인식 속에 뚜렷하게 위치시키는 일은 갈수록 어려워지고 있다. 따라서 경쟁제품의 위치를 먼저 정확히 파악하고, 자사 제품의 포지셔닝을 모호하지 않게 명확히 한 다음 각 마케팅 요소들의 커뮤니케이션을 일관되고 집중력있게 해야 한다.

예를 들어 자사 신상품이 갖는 편익을 표적 소비자들을 대상으로 TV, 신문, 인쇄물, 제품포장 등을 이용하여 전달하는 경우, 전달하는 메시지를 항상 일관성있게 하여 반복 고지효과를 줄 수 있도록 한다.

마케팅 믹스 전략은 제품(Product), 가격(Price), 촉진(Promotion), 유통(Place) 등 마케팅 믹스의 기본 요소가 잘 조화되어 시너지 효과를 낼 수 있게끔하는 혼합 마케팅 전략이다. 신상품 마케팅 전략 과정은 환경변화의 분석과 예측을 통하여 신제품의 기회를 발견한 다음, 기회시장에 대한 시장세분화로 목표시장을 명확히 하고, 다시 목표시장 내의 소비자 니즈 분석과 콘셉트 도출로 마케팅 목적을 분명히 하여 제품개념(Brand Concept)을 전달하고, 고객에 의한 구매가 활발히 이루어지도록 여러 장애요인을 제거해 나가는 과정으로 이루어진다. 마케팅 믹스는 바로 이러한 제품개념의 전달활동, 즉, 신제품이 출시될 때 이것이 고객의 어떠한 욕구에 부응하는지 명확히 일관성있게 의사소통할 수 있는 것이 되어야 하고, 구매장애 요인을 제거할 수 있어야 한다.

이러한 마케팅 믹스가 적절하게 이루어지기 위해서는 시너지 효과와 적절한 혼합을 위한 전제조건을 이해해야 한다. 즉, 전체의 합이 부분의 합보다 큰 시너지 효과를 얻기 위하여서는 먼저 전체가 무엇이고, 부분이 무엇인지 명확히 해야 한다. 구체적으로는 마케팅 목적이라 할 수 있는 제품개념 전달활동과 구매장애 제거활동이 어떠한 것들인지 명확히 하여야 한다.

이러한 개념적 이해를 바탕으로 시장지향적 마케팅 믹스 활동을 담당하는 조직을 구성하여야 한다. 즉, 의사소통 활동 및 구매장애 요인 제거활동을 담당하는 마케팅 조직, 그리고 이를 지원하는 R&D, 인사, 재무 등의 관련 부서는 물론 고객지향 본부와 같은 상위조직이 구성 되어져 전사적으로 그 활동이 이루어져야 한다. 이는 마케팅 믹스 활동이 마케팅 부서에서만 이루어지는 것이 아니라 전사적인 최종 고객을 위한 가치창출 활동임을 의미한다.

예를 들어 마케팅 믹스의 요소인 제품, 가격, 촉진, 유통은 상위의 마케팅 믹스 요소들이다. 이 상위 요소 밑에는 각각의 하위 믹스 요소들이 있다. 제품의 경우 제품기능, 디자인, 상표, 포장 등과 같은 것을 하위 믹스 요소라 할 수 있는데, 이러한 하위 믹스 요소중에는 상표, 포장 등과 같이 마케팅 부서에서 직접 통제 가능한 요소가 있고, 제품의 성능, A/S와 같은 통제 불가능한 요소가 있다. 이런 통제 불가능한 하위 믹스 요소는 최종 소비자들의 욕구를 충족시키기 위해 기업내의 생산, 연구개발, A/S 업무를 수행하는 부서의 협조를 받아야 한다.

또 촉진의 경우에도 상품화 부서와 광고매체를 선정하고 집행하는 부서가 각각 분리되어 있는 경우라면 마찬가지로 광고관련 부서의 협조를 받아야 하고 광고관련 업무를 수행하는 부서는 마케팅 믹스 활동을 상품화 부서와 함께 하고 있다고 볼 수 있다.

즉, 마케팅 믹스 활동은 신상품개발을 추진하는 마케팅 부서만이 아니라 전사조직이 고객의 가치창조를 위해 함께 하는 활동인 것이다.

마케팅 믹스에 의해 보다 긍정적인 시너지 효과를 거두기 위해서는 '일관성의 원칙(Consistency Principle)'과 '보완성의 원칙(Complementary Principle)'이 지켜져야 한다. 즉, 상위 믹스 요소와 하위 믹스 요소들 간의 일관성과 같은 수준에 있는 요소들 간의 보완성이 이루어져야 한다.

예를 들어 제품개념인 콘셉트가 정해지고 나면 그 콘셉트와 제품전략, 유통전략, 촉진전략, 가격전략 간에는 상호 일관성이 유지되어야 하고, 다시 4P전략 아래 하위 믹스 요소들과도 일관성이 유지되어야 하며, 각 4P전략 간에는 상호 보완성이 있어야 한다. 즉, 제품 믹스(Product Mix)에 의해서 해결이 안 되는 부분은 보완성 개념하에 다른 마케팅 믹스 요소를 통하여 해결될 수 있어야 한다.

시장 세분화 방법

비슷한 욕구를 가진 고객들을 찾아서 하나로 묶는다.

먼저 고객 행동변수를 이용하여 시장을 세분화한다.

다음 고객 특성변수를 이용하여 세분시장 각각의 전반적인 특성을 파악한다.

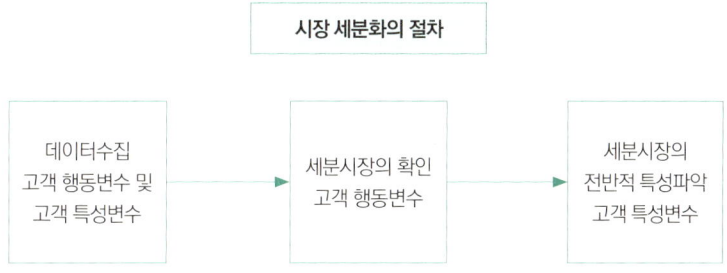

시장 세분화의 절차

시장 세분화를 위해서는 먼저 고객행동변수와 특성변수에 대한 데이터를 수집한 다음, 고객행동변수를 이용하여 시장을 세분화하고, 고객특성변수를 이용하여 각 세분시장의 특성을 파악한다. 고객행동변수는 구매행동과 관련이 있는 변수를 말하고, 특성변수는 고객이 누구인지를 나타내주는 변수를 말한다.

시장을 세분화하는 구분 기준은 다음과 같다.

구분	구분요인	구분기준	구분기준에 따른 예
개인적 특성 변수	인구통계적 요인 (Demographics)	성별	남, 여
		연령	20대, 30대, 40대… 젊은층, 중장년층, 노년층
		지역	대도시, 중소도시, 농어촌… 서울, 영남, 호남
		소득	월 수입 100만원 이하, 100~300만원…
		학력	중졸, 고졸, 대졸…
		직업	자영업자, 전문직, 공무원, 학생…
		개성	강압적, 사교적, 권위적…
	심리적 요인 (Psychographics)	라이프스타일	오렌지족, 미시족, 신세대… ※ Activities, Interests, Opinions에 따라
		사회계층	상류, 중류, 하류
소비자 행동적 변수	추구하는 편익(Benefit)	소비자가 상품에 대해 기대하는 가치	기능적 편익 (상품의 속성이나 기능에서 얻는 혜택) 심리적 편익 (상품의 이미지, 심리적 만족감)
	제품소비량	제품의 사용량에 따라	비사용자, 중사용자, 주사용자
	제품소비상황	제품의 사용상황에 따라	제품의 사용장소, 사용시기 등에 따라 세분화

목표시장 선정 방법

다음과 같은 조건을 종합적으로 고려하여 목표시장을 선정한다.

- 성장성, 수익성 등의 매력도가 높은 세분시장
- 자사가 높은 경쟁우위를 갖을 수 있는 세분시장
- 자사와의 적합성이 높은 세분시장
- 고객의 편익, 가치가 높은 세분시장

각 세분시장을 3C분석에 의하여 평가한 후 진출할 가치가 있는 전략시장을 선택한다. 시장세분화를 통하여 몇 개의 잠재적 세분시장으로 나눈 다음에는 각 세분시장별로 3C분석과 수요예측 등을 통하여 기업에 가장 유리한 하나 또는 그 이상의 표적시장(Target Market)을 선정하게 된다. 이때의 표적시장 선정은 세분화 정도에 따라 다음과 같은 마케팅 전략으로 접근할 수 있다.

전략구분	특징	장·단점
차별화 전략 (Differentiated Market Strategy)	• Multiple Target Market Approach • 다양한 소비자 니즈에 다양한 대응 • 각 세분시장별 마케팅 전략 수행	- 소비자 인식, 이미지 강화 - 마케팅믹스의 복잡 - 비용과다/수익저하 우려 ※ 각 세분시장의 구분이 명확한 경우
비차별화 전략 (Undifferentiated Market Strategy)	• Combined Target Market Approach • Mass Market 겨냥 • 보편성 높은 제품	- 경제적 - 규모의 경제 - 시장기회 적음 ※ 설탕, 야채같은 생활필수품에 활용
집중화 전략 (Concentrated Market Strategy)	• Single Target Market Approach • 특정 세분시장에만 마케팅 집중 • 니치(Niche)마켓 개념	- 한정된 자원으로 효율극대화 - 마케팅 활동을 전문화 - 특정시장에서의 거점 확보 - 고객 니즈 변화시 위험 ※ 기업의 자원이 제한적이거나 추가적인 세분시장 진출을 위한 교두보를 확보하고자 할때

시장 세분화 작성 예

각 변수에 따라 세분화

추구편익	인구통계적 특성	심리분석적 특성	상표애호도
①	①	①	①
②	②	②	②
③	③	③	③
④	④	④	④
⑤	⑤	⑤	⑤

세분시장 분석 및 확인

	세분시장 A	세분시장 B	세분시장 C	세분시장 D
세분 시장 특징				

목표시장 선정

목표시장

시장평가기준	중요도	세분시장 A	세분시장 B	세분시장 C	세분시장 D
시장의 매력도 (시장규모/수익성/성장성)					
자사와의 적합성					
경쟁의 정도 (경쟁사의 마케팅력/상품력 등)					
고객의 편익 및 가치					
총합	10				
순위					

시장 선정

- 제1표적시장 :
- 제2표적시장 :

포지셔닝 방법

포지셔닝 전략 수립을 위해서는 먼저 기존 경쟁제품들이 어떻게 포지셔닝 되었는지를 확인해야 한다.

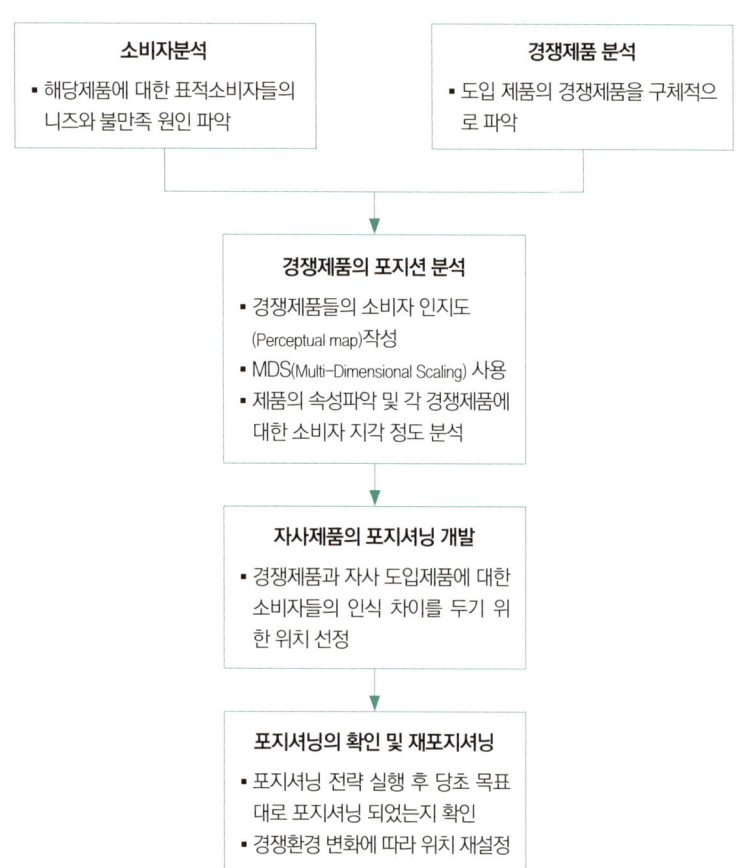

포지셔닝은 심리적 포지셔닝과 물리적 포지셔닝이 있다.

경쟁력이 있는 제품은 심리적 포지셔닝과 물리적 포지셔닝이 균형있게 잘 되어야 한다. 제품의 콘셉트가 아무리 좋아도 실제로 사용후에 기대에 못 미치면 소비자는 외면하게 된다.

서로 비슷한 정도의 물리적 특성을 갖고 있는 제품끼리도 콘셉트의 심리적 느낌에 따라 소비자의 평가는 다를 수 있다. Blind로 물리적 속성만을 비교평가한 경우와 브랜드를 붙여 비교평가한 경우, 브랜드를 보여주는 경우가 브랜드 간의 차가 명확하다. 즉, 브랜드명에서 받는 심리적 이미지의 영향이 크기 때문이다. 「네스카페 골드 브랜드」와 「맥심」, 「코카콜라」와 「펩시콜라」의 경우 전자가 높은 시장점유율을 가지고 있으나 물리적으로는 전자와 후자의 차이가 거의 없다. 소비자 조사의 대표적인 실패사례로 많이 다루어지는 〈코카콜라〉사의 「New coke」 사례가 바로 이와같이 브랜드에 대해 소비자가 갖고 있는 심리적 이미지를 감안하지 않는 경우이다. 「펩시콜라」의 강력한 도전으로 시장점유율을 계속 잠식당한 〈코카콜라〉사는 소비자조사를 통해 소비자들이 순한 맛의 「펩시콜라」를 「코카콜라」보다 더 선호한다는 사실을 알고, 기존 「코카콜라」보다 좀더 순하고 부드러운 맛의 신제품 「New Coke」를 1985년에 출시했다. 이 「New Coke」는 기존의 「코카콜라」나 「펩시콜라」와 Blind Test에서 더 높게 선호되었다. 그러나 시판후 「코카콜라」의 본사에 항의 전화가 쇄도하고 원래의 「코카콜라」를 다시 생산해달라는 소비자들의 요구가 빗발치자 코카콜라는 원래의 「코카콜라」를 「Coca Cola Classic」이란 이름으로 다시 출하하고 순한맛의 「New Coke」를 「Coke」로 변경하여 함께 출하했다. 이처럼 〈코카콜라〉사가 시행착오를 겪은 것은 소비자가 콜라를 구매할 때 맛에 의해서만 구매하지 않고 브랜드의 이미지도 중요한 선택기준으로 생각하고 있다는 점을 감안하지 않고 단순히 Blind Test로 맛이라고 하는 물리적 속성에 의해서만 평가했기 때문이다. 따라서 Blind Test 후에는 브랜드가 붙여진 제품으로 다시 테스트를 실시하여 브랜드가 제품의 선택에 미치는 영향 정도를 평가했어야 했다.

한편 심리적 포지셔닝이 매우 중요한 제품에서도 물리적 특성의 뒷받침이 없으면 높은 심리적 포지셔닝을 얻지 못하는 경우가 있다.

자동차는 쾌적성과 같은 심리적 포지셔닝을 스타일, 컬러, 내장 등에서 얻어낸다. 그러나 속도, 안전성, 내구성 등과 같은 물리적 성능이 없으면 심리적 포지셔닝이 높더라도 소비자 선택을 받기가 어렵다.

포지셔닝맵의 활용

포지셔닝 맵(Positioning Map)이란 소비자 머릿속에 인식되어 있는 경쟁제품과 자사제품의 위치를 2차원 혹은 3차원의 도면으로 나타낸 인지도(Perceptual Map)이다. 이러한 포지셔닝 맵을 작성하면 자사제품이 소비자에게 어떻게 인식되고 있는지, 또 경쟁제품은 어떻게 인식되고, 자사제품과 어떤 위치관계에 있는지, 경쟁제품이 어떤 위치에 얼마나 있는지, 비어있는 시장은 어디인지, 소비자가 가장 이상적으로 생각하는 제품 속성이나 이상점(Ideal point)은 무엇인지 등을 파악할 수 있다.

① 포지셔닝 맵은 어떤 경쟁제품들이 자사제품들과 경쟁관계에 있는지를 파악할 수 있게 해준다. 포지셔닝 맵상에서 가장 가까운 거리에 있는 제품일수록 서로 경쟁관계에 있고, 대체가 가능한 제품이다.

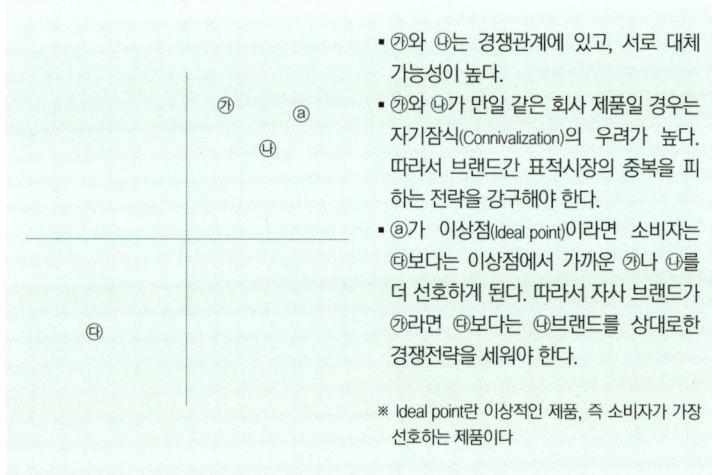

- ㉮와 ㉯는 경쟁관계에 있고, 서로 대체 가능성이 높다.
- ㉮와 ㉯가 만일 같은 회사 제품일 경우는 자기잠식(Connivalization)의 우려가 높다. 따라서 브랜드간 표적시장의 중복을 피하는 전략을 강구해야 한다.
- ⓐ가 이상점(Ideal point)이라면 소비자는 ㉰보다는 이상점에서 가까운 ㉮나 ㉯를 더 선호하게 된다. 따라서 자사 브랜드가 ㉮라면 ㉰보다는 ㉯브랜드를 상대로한 경쟁전략을 세워야 한다.

※ Ideal point란 이상적인 제품, 즉 소비자가 가장 선호하는 제품이다

② 포지셔닝 맵상에서 소비자들이 원하는 이상적 제품들의 위치를 조사하여 소비자들이 바라는 제품 특성이나 욕구를 파악할 수 있다. 또한, 이상점 분포를 이용하여 시장을 세분화할 수 있다.

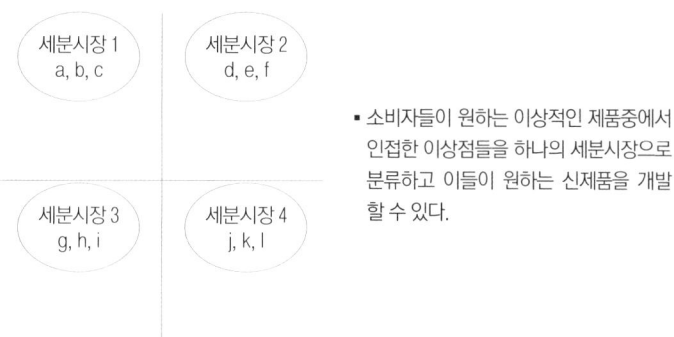

- 소비자들이 원하는 이상적인 제품중에서 인접한 이상점들을 하나의 세분시장으로 분류하고 이들이 원하는 신제품을 개발할 수 있다.

③ 포지셔닝 맵상에서 기존 제품들의 상대적 위치와 소비자들의 이상점을 조사하여 시장기회를 발견하고 경쟁적 마케팅 전략을 수립할 수 있다.

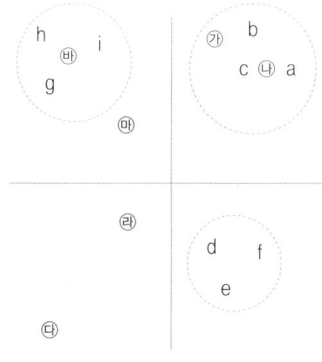

- ㉮, ㉯, ㉰같은 브랜드는 소비자들의 이상점 위치에 포지셔닝되어 있어 높은 매출을 기대할 수 있으나 ㉱, ㉲, ㉳ 브랜드는 소비자들의 이상점과 거리가 멀어 매출을 기대할 수 없다. 따라서 제품 속성의 개선이나 가격, 광고 등의 전략 변화를 통하여 재포지셔닝을 해야 한다.
- d, e, f의 소비자들로 구성된 세분시장은 다른 세분시장에 비하여 시장 크기는 작으나 경쟁제품이 없어 틈새시장(Niche Market)을 겨냥한 신제품 출시가 필요하다.

제품 전략 수립

제품전략은 핵심기술, 주요성분/특징, 원료수급, 품질 차별화, 생산방식, 단량, 브랜드/포장, 디자인 등과 관련한 내용을 중심으로 수립한다.

특히, 제품은 핵심제품/실체제품/확대제품으로 구분 할 수 있는데, 이 중에서 핵심 제품이 곧 콘셉트이며, 콘셉트를 명확히 하는 작업이 제품 전략의 가장 중요한 핵심 과제이다.

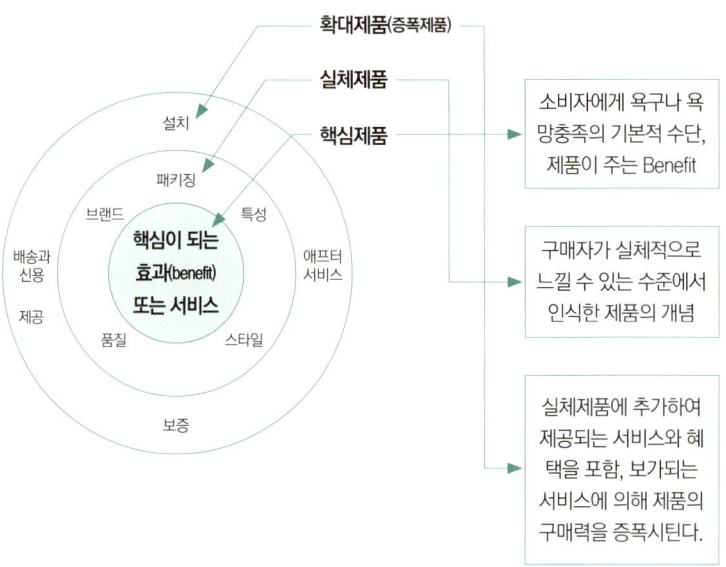

제품전략에서 중요한 것은 팔릴 수 있는 신상품을 만들고, 이 신상품을 잘 관리하여 장기적으로 라이프싸이클을 오래 가져가는 마케팅 활동이 중요하다.

특히, 앞장에서도 언급했듯이 신상품은 팔릴 수 있는 상품이어야 하는데, "팔리는 상품"은 "상품력"을 말하고, 상품력은 "구매전에 갖고 싶다고 생각하게 하는 힘과 구매후 사기를 잘 했다고 생각하게 하는 힘으로 구성되어 있다. 여기서 전자를 상품콘셉트(Concept)로, 후자를 상품퍼포먼스(Performance)라고 말한다.

가격전략 수립

가격은 시장에서의 상품의 교환가치로, 수익성과 상품이미지에 영향을 주는 마케팅 4P요소중의 하나이다. 가격은 소비자가 제품을 선택할 때 중요한 결정요인이나 상품화 담당자가 신제품의 콘셉트와 품질을 잘 정하고도 가격결정을 소홀히하거나 단순히 원가중심의 가격결정으로 제품의 가치를 떨어뜨려 실패하는 사례가 많다. 특히 신제품이 아닌 시판중인 제품의 경우 가격전략은 단기적인 강력한 경쟁수단으로 활용되는데 이때도 가격할인이나 가격인하, 가격인상과 같은 가격전략은 시장상황에 따라 신중히 결정되어야 한다.

그리고 가격은 원가, 경쟁가격 외에 소비자 수용가격을 함께 고려하여 결정한다.

원가기준에 의한 가격결정은 단순히 제품의 원가를 산정하여 적정마진을 감안, 제품 가격을 정하는 것이고, 경쟁기준은 경쟁제품의 가격을 고려하여 경쟁가격에 따라 정하는 방식이다.

수요기준은 소비자 수용가격에 따라 가격을 정하는 것으로 오늘날의 제품가격 결정에 있어서 가장 중요시되는 방법이다.

이러한 가격결정기준 중 어느 하나만을 고려하여 가격을 정하는 것은 바람직하지 않고, 항상 '원가' '경쟁가격' '소비자 수용가격' 등 3가지 요소를 종합적으로 고려하여 가격을 책정해야 하며, 특히 소비자 가격 수용도 조사에 의한 수용가격 산정 후 이 수용가격을 기준으로 판매가를 정하고 목표원가를 정한 다음, 그 목표원가에 맞추기 위한 원가절감 방안을 찾는 방식이 가장 바람직한 가격결정이라 볼 수 있다.

1) 원가기준 가격책정 방법은?

- 원가가산법

코스트(Cost) + 마진(Margin) = 가격(Price)

매우 간단한 방법이나 원가를 정확하게 계산하기 어려운 경우는 문제가 있다.

- 손익분기점법

이익 "0"의 매출액, 즉, B.E.P(손익분기점)가 결정되는 시점과 목표이익 및 계획생산량을 고려하여 가격을 결정한다.

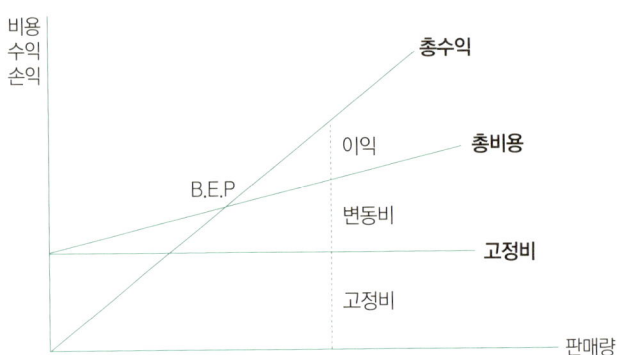

2) 경쟁기준 가격책정 방법은?

- 경쟁대응 가격결정법

경쟁제품의 평균가격과 같게하여 판매가격을 결정한다.

- 입찰가격 결정법

기업이 공개입찰에 응할 경우 수요자 기대가격과 경쟁자 입찰가격 수준에 따라 가격을 결정한다.

3) 소비자기준 가격책정 방법은?

제품생산에 들어간 원가가 아니라 소비자가 인식하는 제품의 가치에 따라 가격을 결정하는 방법이다. 즉, 경쟁제품과 자사제품에 대해 고객의 인지된 가치(Perceived Value)를 비교평가하여 경쟁제품보다 얼마나 혜택과 비용의 차이가 있는지를 바탕으로 가격을 결정하는 것이다. 이렇게 결정된 가격은 구매장애 요인 중 소유에 대한 장애요인을 제거할 수 있게 해준다. 이러한 소비자기준 가격책정을 위해서는 소비자들을 대상으로 특정 제품에 대해서 얼마면 구매할 의향이 있는지, 가격이 어느 정도일 것으로 보는지 등 설문에 의한 가격수용도 조사를 실시하거나, 일정액의 쿠폰을 조사 대상자들에게 나누어주고 이들에게 여러 상품을 제시하여 실제 구매토록하는 일종의 관찰조사 등을 실시해야 한다.

■ Loss Aversion

소비자들은 가격인하 보다 가격인상에 더 민감하게 반응

■ Reference Price

구매자의 과거 구매 경험이나 현재 갖고 있는 가격정보를 기초로 하여 인식하고 있는 가격

■ Price-Quality Association

일반적으로 소비자는 품질을 평가할 수 있는 다른 단서가 없을때는 가격에 의존하여 품질을 평가하는 경향이 있음.

■ 소비자기준 가격책정의 예

① 주방용세제 신제품의 가격을 정하고자 하는 경우 기존 시장 내에서 시장지위가 가장 높은 제품과 자사 신제품을 비교 평가
   - 2개 제품을 blind로 가정유치조사(HUT)
   - 신제품 : (A)/시장지위 1등 제품 : (B)

속성	가중치	속성평가(7점척도)		점수	
		(A)	(B)	(A)	(B)
세척력	35	5.4	5.2	189	182
피부보호	30	5.5	4.5	165	135
향	15	4.8	5.0	72	75
환경보호	10	5.0	5.0	50	50
용기편리성	10	5.5	4.7	55	47
계	100			531	489

- 가중치는 소비자조사 결과 각 속성에 대한 중요도에 따라 배점
- 비교제품은 항상 시장지위가 가장 높은 제품으로만 하는 것은 아니며, 모든 속성 항목을 완벽하게 만족하는 이상적인 제품으로 또는 시장 평균제품으로 할수도 있다.

② 가격산정
- 시장 1등제품의 가격이 1500원이라면

    489점 × R = 1500원

    R = 3.067

- 신제품의 가격은 1628원 정도에서 결정이 가능하다

    531점 × 3.067 = 1628원

이상과 같은 가격 산출 방법은 각 속성에 대한 가중치의 객관성 결여에 따른 문제점이 있어, 가격을 경쟁제품에 비해 어느정도 선으로 정하는게 좋을지를 유추해 보는 정도로만 의미가 있다고 볼 수 있다.

그리고 가격전략은 크게 고가전략(Skimming Pricing), 저가전략(Penetration Pricing)으로 나뉜다. 차별력이 있을 때는 고가전략, 원가경쟁력이 있을 때는 저가전략을 쓴다.

구분	전략의 방향과 적용
상대적 고가격전략 (skimming pricing)	- 자사제품을 경쟁제품 가격보다 높게 책정 - 신상품이 독특하거나 차별성이 있는 경우 - 수요의 탄력성이 높지 않는 경우 - 진입장벽이 높아 경쟁기업의 진입이 어려운 경우 - 규모의 경제효과를 얻기가 어려운 경우 - 높은 품질로 새로운 소비층을 유인하고자 하는 경우 - 직접적인 경쟁자가 존재하지 않는 시장에 신제품을 출시하는 경우 - 이미지를 중시하는 고가의류제품, 전문품, 보석같은 귀중품에 주로 사용되고, 제품이 개인의 사회적 지위나 명예, 건강 등과 관련이 있는 경우에 사용 - 이 전략은 마진이 커 타사가 따라오게 되고, 침투속도가 늦다. 따라서 경쟁사가 참여하는 시점에 신제품을 개발하거나 점차 가격을 낮추어야 함

상대적 저가격전략 (Penetration pricing)	- 경쟁제품보다 낮은 가격을 책정. 생산규모와 판매량을 늘려 경험곡선효과와 규모의 경제를 실현하는 장기이윤추구 전략 - 시장수요의 가격 탄력성이 높고, 시장에 경쟁자의 수가 많은 경우 - 높은 경험곡선효과로 인해 생산을 해본 경험이 축적될수록 생산원가가 내려가는 경우 - 원가우위구조를 가지고 있어 경쟁기업이 가격 낮추기가 힘들 경우 - 이전략은 경쟁사가 저가격으로 맞대응해오면 가격경쟁의 우위를 지키지 못해 실패할 우려가 있는 반면, 제품의 품질이 좋고 장기적수요가 기대될때는 단기간에 시장침투가 가능해 장기이윤 확보가 가능하고 경쟁회사의 참여를 저지하는 효과가 있음 - 소자본의 기업에서는 실시하기 어려운 가격전략
대등가격전략	- 경쟁제품과 같거나 거의 비슷한 수준으로 가격을 책정 - 시장의 수요가 비탄력적일 경우 - 경쟁기업에 대해 원가우위를 가지지 못할 경우 - 대부분의 생필품시장의 가격전략으로 언제라도 경쟁제품이 동일수준의 가격으로 대응해올 준비가 되어있는 경우

■ 고가전략과 저가전략의 비교

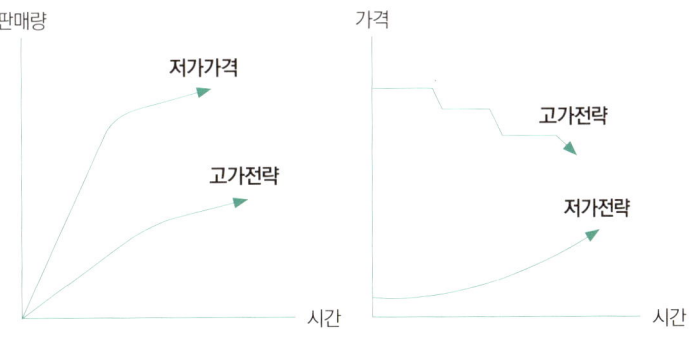

- 저가전략시 초기 판매량이 급격히 상승하나 고가전략시는 서서히 상승
- 저가전략은 처음 저가침투 후 점차 가격이 인상하나, 고가전략은 처음 고가도입 후 단계적으로 가격인하

유통전략 수립

유통은 제품이나 서비스가 생산자로부터 소비자에게 전달되는 하나의 흐름이며, 유통경로는 이 흐름속에서 개입되는 상호의존적인 이해관계 조직을 의미한다. 유통은 고객과의 최후접점에서 제품의 개념을 전달하고 구매장애요인 특히 시간과 공간상의 구매장애요인을 제거하는 역할을 한다. 특히 유통에 있어서 공간상의 구매장애요인 제거와 관련하여 고객과의 접촉이 이루어지는 상권과 매장의 중요성은 매우 크다. 유통경로는 한번 결정되면 다른 유통경로로 전환이 쉽지 않고 장기간의 시간과 많은 자원이 소요되기 때문에 마케팅 4P 믹스중에서 가장 비탄력적인 요소이다.

따라서 신규사업을 검토하거나 신상품을 출시하는 경우 어떤 유통경로를 택할 것인가를 결정하는 문제는 신중히 다루어져야 하며 특별히 제품의 특성, 자사의 유통능력 등을 고려하되 궁극적으로는 고객의 관점에서 장소의 편의성, 상품구색, 제품품질의 유지, 정보제공 등의 유통서비스 달성이 가능한 가장 이상적인 유통점포 및 경로를 택해야 한다.

소매상의 유형

점포 소매상	무점포 소매상

▪ 편의점/할인점
▪ 슈퍼마켓
▪ 전문점/회원제창고형 도.소매점
▪ 백화점/아울렛
▪ 대중양판점(GMS)/카테고리킬러
▪ 재래시장/수퍼스토어
▪ 연금매장/하이퍼마켓
	▪ 자동판매기
	▪ 방문판매
	▪ 통신판매
	- 직접 우편 판매/카다로그 판매/
	  텔레마케팅/TV홈쇼핑/
	  인터넷쇼핑몰/소셜커머스

유통경로 전략은 유통커버리지의 정도에 따라 자사 제품을 누구나 취급할 수 있도록 하는 개방적 유통경로 전략, 자사제품만을 취급하는 도매상 또는 소매상을 갖는 전속적 유통경로 전략 그리고 그 중간 형태

인 선택적 유통경로 전략으로 구분할 수 있다. 이러한 유통경로 전략의 선택은 시장규모, 해당제품의 특징, 소비자 구매 편리성 및 서비스 부여, 유통경로의 효율적 관리 및 통제 수준 등을 종합적으로 고려하여 결정해야 한다.

구분	의미	특징
개방적 유통경로	자사의 제품을 누구나 취급할 수 있도록 개방	- 소매상이 많다 - 소비자에게 제품 노출 최대화 - 유통비용의 증가 - Chain화 어려움 - 식품, 일용품같은 편의품에 사용
전속적 유통경로	자사의 제품만을 취급하는 도매상 혹은 소매상	- 소매상 혹은 도매상에 대한 통제 가능 - 긴밀한 협조체제 형성 - 유통비용의 감소 - 제품 이미지 제고 및 유지 가능 - 귀금속, 자동차, 고급의류 등 고가품
선택적 유통경로	개방적 유통경로와 전속적 유통경로의 중간 형태로 일정지역에서 일정수준 이상의 자격요건을 가지는 소매점에만 자사 제품을 취급토록 함	- 개방적 유통경로에 비해 소매상수가 적고 유통비용 절감효과 - 전속적 유통경로에 비해 제품 노출 확대 - 의류, 가구, 가전제품 등에 사용

커뮤니케이션 전략 수립

커뮤니케이션 전략은 제품의 콘셉트, 특징 등에 관해 알리고, 설득하며, 상기시키는 것이다.

커뮤니케이션 전략은 광고(Advertising), 판매촉진(Sales Promotion), 홍보(Publicity), 인적판매(Personal Selling)을 중심으로 수립한다.

커뮤니케이션 전략은 다른 마케팅 믹스와 마찬가지로 제품개념 전달과 구매 장애요인 제거를 위한 것으로 자사의 제품이나 서비스에 대한 정보를 제공하거나 설득하는 마케팅 활동이다.

커뮤니케이션 전략은 마케팅 4P Mix와 일관성과 보완성의 원칙이 유지되어야 한다. 예를 들어 제품의 콘셉트, 광고의 메세지, 제품패키지의 표기문안, 매장 POP연출물의 소구내용 등이 일관성이 있어야 하고, 서로 보완성이 있어야 한다.

이러한 촉진전략의 수단에는 다음과 같은 것들이 있다.

광고	판매촉진	홍보	인적판매
TV 및 라디오	이벤트/경연대회	신문게재용 자료	판매 제시
인쇄매체(신문/잡지)	추첨	설명회	판매 회의
포장/외장	복권	기술정보 세미나	전화 마케팅
포장내 삽입물	경품/할증/할인	연차보고서	(Tele-marketing)
우송광고	견본배포(샘플링)	자선적 기부	유인계획
카다로그	견본제시/박람회	주관, 주최	(Incentive Program)
영화	전시회	(Sponsor)	판매원용 견본
사보(私報)	실연	간행물	방판조직
Brochure와 소책자	쿠폰(Coupon)	공동체 관계	통신판매
포스터와 Leaflets	환불금(Rebates)	기업홍보 필름	박람회와 전시회 참가
안내서(Directories)	중고품 교환 공제	소비자 자문단	
광고의 복사물	거래스템프		
간판	함께 끼워팔기		
소셜미디어	환불 보장		
구매시점 광고			
시청각용 광고			

광고 전략

광고란 표적시장의 소비자들에게 제품이나 서비스에 관한 정보를 제공하거나 설득하기 위하여 또는 제품이 주는 혜택을 소비자들에게 인식시켜 구매 욕구가 생기도록 하기 위하여 광고주가 대가를 지불하고 비인적 매체를 통해 커뮤니케이션하는 수단이다. 이러한 광고는 기본적으로 광고 메세지와 광고횟수, 그리고 목표고객에게의 광고내용 도달로써 그 효과를 설명할 수 있다. 먼저, 광고는 구매와 연결될 수 있는 광고가 되어야 하고, 그러기 위해 고객이 원하는 것, 즉, 욕구와 연결되어야만이 그 효과가 축적 될 수 있다. 그러나 광고에는 광고의 효과를 방해하는 요소들이 존재 한다. 즉, 과거의 광고와 새로운 광고 간의 상호 방해하는 효과가 있을 수 있는데, 이를 피하기 위해서는 과거 광고와 새로운 광고 간의 연결고리가 있도록 하는 것이 중요하다. 이러한 연결고리는 아울러 광고와 다른 마케팅 믹스 요소 간에도 존재하여야 한다. 예를 들어 TV 광고의 내용과 구매 시점 광고라 할 수 있는 제품 포장의 내용이 서로 연결성이 있어야 하는 것과 마찬가지다.

광고의 유형 – 매체에 의한 분류

방송광고	인쇄광고	옥외광고	교통광고	뉴미디어광고	직접우편광고	광고지 광고
TV, 라디오	신문, 잡지	광고 선전탑	버스내외, 지하철, 이동광고 차량 등	인터넷, SNS	DM	Handbill

광고 전략 수립 프로세스

그리고 광고전략은 단순히 알리거나 상기시키는 기능이 아닌 설득력 있는 광고를 통하여 소비자를 우호적 태도로 변화시킴으로써 궁극적으로 구매행동을 유발시키는 것이어야 한다. 또 하나의 광고가 성공을 거두기위해서는 누구에게(목표고객), 무엇을(메세지), 어떻게(표현전략/매체전략) 전달할 것인가에 대해 명확한 규명이 선행되어야 한다. 즉, 광고의 홍수

속에서 소비자주의를 환기시켜 궁극적으로 소비자의 구매욕구를 자극할 수 있도록 하기 위해서 어떤 내용으로 어떻게 소비자에게 다가가느냐에 대한 설계가 광고전략의 줄거리라 할수 있다.

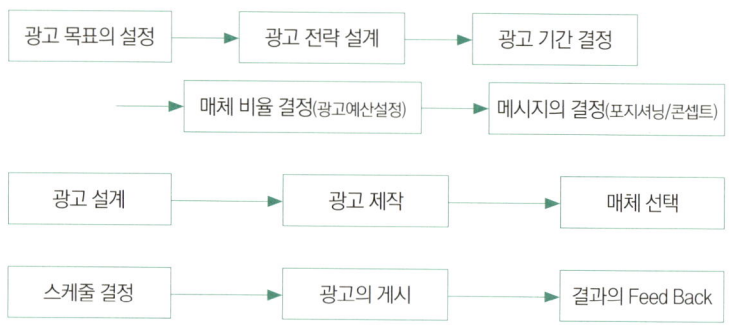

광고의 성공조건

- 반드시 소비자 혜택이나 문제해결이 포함되어야 한다.
- 편익이나 문제해결은 소비자가 원하는 것이어야 한다.
- 편익이나 문제해결의 의미가 브랜드에 연결될수 있어야 한다.
- 편익이나 문제해결 방법이 광고내용안에 가시적으로 표현될 수 있어야 한다.

광고와 포지셔닝

광고와 포지셔닝, 그리고 차별화는 서로 밀접한 관련을 갖는다.

포지셔닝은 제품의 개념을 경쟁제품과 차별화하여 소비자 머릿속에 인식시키고, 위치화시키는 것을 의미하는 것으로 이러한 포지셔닝은 일련의 마케팅 믹스 활동에 의해서 이루어지는데, 그중에서도 광고에 의한 영향이 가장 크다 할수 있다.

포지셔닝은 자사제품을 경쟁제품과 차별화시키는 차원이 무엇이냐에 따라

① 제품의 속성이나 그로부터 소비자가 얻게되는 편익에 의한 포지

셔닝(티코자동차-싸다/주차편리)

② 제품의 구체적 속성이 아닌 전체적 이미지에 의한 포지셔닝

(패션의류, 화장품-고급감/아름다움)

③ 사용상황이나 사용목적에 의한 포지셔닝

(크라운 베이커리 케익-생일, 승진 축하시 선물용)

④ 사용자에 의한 포지셔닝(그랜져 자동차-품격있는 사람들이 타는 차)

⑤ 제품 카타고리에 의한 포지셔닝(게토레이-청량음료가 아닌 기능성 음료로 소구) 등의 유형으로 분류할 수 있다.

한편, 광고목표와 광고예산을 정한다음 표적소비자에게 전달할 메세지, 즉, 광고표현 콘셉트를 추출해야 한다. 광고표현 콘셉트는 제품의 콘셉트를 가장 효과적으로 전달시키는 핵심표현 내용이다. 즉, 표적소비자의 니즈와 제품의 특징적 차별성을 일치시키는 과정이라고 볼 수 있다.

광고표현 문안의 조건

- Desirability : 자사제품의 바람직한 면을 소구
- Exclusiveness : 자사제품만이 갖는 독특성을 소구
- Believability : 신뢰성이 있어야 함

모델 전략 – 진실성/전문성/매력성/유사성(친근성)

유명인	- 경쟁제품간 속성과 기능이 유사할 때 유리(저관여 상품) - 유명인의 Personality이미지 결합 가능 - 제품보다 유명인 부각 우려 - 제품과 유명인의 이미지 연결이 불일치 우려 - 유명인이 사회적 물의를 일으켰을 때 광고 공신력 하락 - 여러광고에 출연하는 모델은 제품 신뢰성(고관여제품)과 연상효과(저관여제품) 방해
전문가	- 제품의 가격이 높거나 고도의 기술 제품에 적합 - 재정적, 신체적 위험이 큰 제품은 전문가 설득이 효과적 - 전문가 주장이 소속 전문가 집단의 주장과 다른 경우 불신 우려
일반 소비자	- 소비자와 유사성으로 신뢰감, 친근감 부여 - 제품을 사용해 본 사람의 체험을 전달(증언식 광고) - 저관여 제품에 유리(세제/학습지/주류/식품/의류 등)
최고 경영자	- 신뢰성 부여 - 경영자 개인에 초점을 맞추지 말고, 기업이념이나 제품에 집중
외국인	- 이국적인 이미지로 상표나 제품 기억을 도와줌 - 비유사성으로 인한 차별성/국제적 이미지 부각 - 국산제품에 외국인 모델 사용시 부정적 이미지 우려 - 너무 강렬한 이미지가 제품 자체 기억을 방해
기타	- 동물 모델 - 캐릭터 모델

홍보 전략

홍보(Publicity)란 대가를 지불하지 않고, 비인적매체(TV,신문,잡지,라디오 등)를 이용하여 제품 및 서비스에 관한 기사나 뉴스를 소비자들에게 제공함으로써 수요를 촉진시키는 방법이다. 특히 오늘날 처럼 광고가 범람하는 시대에는 소비자는 광고에 대한 반응이 무감각해지고, 광고에 대한 불신감도 커지게 된다. 따라서 기업은 상대적으로 소비자들에게 신뢰감을 줄 수 있는 홍보를 중요한 마케팅 커뮤니케이션 수단으로 활용하고 있다.

홍보의 Pulling 전략과 Pushing 전략

- Pulling 전략 : 구전 등으로 독자층에 흥미를 유발시켜 독자가 매체사에 문의하고 매체사에서 다시 기업에 기사화할 내용을 요구케 유도하는 전략
- Pushing 전략 : 매체사의 기자들이 기사를 실을 수 있도록 기업에서 기사거리를 만들어 제공하는 전략

대부분의 기업들은 제품에 대한 홍보를 과소평가하거나 사후적으로 활용하는 경우가 많다. 사전에 체계적인 홍보계획을 수립하고 이를 적극적으로 수행하는 경우 제품의 촉진에 효과가 매우 크다.

판매촉진 전략

판매촉진이란 소비자의 구매를 유도하고, 판매원의 효율성을 높이기 위한 마케팅 활동으로써 광고, 인적판매, 홍보활동에 속하지 않는 모든 촉진 활동을 의미한다. 최근에는 대부분의 제품시장이 성숙단계의 시장으로 접어들어 시장규모의 증가보다는 한정된 시장 내에서의 시장점유율 경쟁이 치열해지면서 경쟁브랜드의 소비자를 뺏어 오기 위한 효과적인 수단으로 판매촉진 활동의 비중을 높여가고 있는 추세이다.

즉, 판매촉진활동은 시장점유율 확대와 빠른 투자수익을 바라는 기업내부 요인과 갈수록 치열해지는 경쟁양상, 신업태 및 유통파워 증가에 따른 거래점 압력등의 외부 요인에 의해 그 중요성이 점차 증대되고 있다.

이러한 판매촉진 활동은 직접 소비자를 대상으로한 소비자 판촉, 중간상으로 하여금 자사제품의 취급을 높이도록 유도하는 중간상 판촉, 중간상이 소비자를 대상으로 판촉활동을 하는 소매업자 판촉, 자사의 판매원을 대상으로 판매동기를 증대시키기 위해서 하는 판매원 판촉, 즉, 사내 판촉등이 있다.

한편, 판매촉진은 단기적으로 소비자들이 다량 구매를 하도록 유도하는 것이기 때문에 광고보다 그 효과가 빨리나타나고 측정하기도 간편한 장점이 있다. 또 기업의 재고 정리와 같은 단기적인 수요와 공급을 가능하게 해준다. 반면에 판촉은 경쟁업체의 모방이 쉽고, 판촉 경쟁이 과열되는 경우 기업의 수익구조를 악화시키게 된다. 또 판촉에 의한 단기적

매출 증대를 가져올 수 있지만 품질이 보장되지 않으면 경쟁제품에 대한 브랜드 선호도가 높은 소비자는 자사제품 사용자로 전이되지 않는다.

최근의 판촉은 온라인과 오프라인을 연결하는 판촉, 마일리지 판촉, 제휴판촉 등의 특징을 갖고 있다. 온라인 고객서비스와 고지를 통해 오프라인 판촉행사를 강화하거나 마일리지 판촉에 의한 관계마케팅으로 일회성 고객이 아닌 평생고객화를 유도 하기도 하고, 보완관계에 있는 회사와의 제휴를 통한 판촉으로 시너지를 높이기도 한다.

	판촉유형별	판촉수단
소비자 판촉	매출 증대 판촉	▪ 컨티뉴어티(Continuity)/쿠폰 ▪ 프리미엄(경품)/가격할인/신용판매
	시용 판촉	▪ 샘플링/데몬스테이션
	화제성 판촉	▪ 이벤트 행사/캠페인 ▪ 소비자 콘테스트
	소비자 고지 및 교육성 판촉	▪ DM/전시회/품평회 ▪ 소비자 교육/공장 견학/소비자 상담
	광고 보조 판촉	▪ POP/카다로그/연출물 ▪ 쇼룸(Show Room)/진열(Display)
	구매유도, 고지광고 및 캠페인 연결성 판촉	▪ 경품 – 소비자 경품(구매유도) – 소비자 현상 경품(구매유도,고지 광고) – 공개 현상 경품(구매유도,고지,캠페인 연결)
거래처 판촉	자사제품 취급 유도 판촉	▪ 리베이트/사업자 경품 ▪ 판매점 콘테스트 및 시상
	거래처 지원 판촉	▪ POP물 지원/소비자용 판촉물 지원 ▪ 대리점간판/차량도색 ▪ 거래처 광고,판촉비 지원
	거래처 경영지도 판촉	▪ 경영지도/점포Lay out/점포장치,장식지도 ▪ 판매원 교육/각종실연 발표회

사내판촉 (판매원 판촉)	판매원 교육	▪ 판매기법 교육/판매 매뉴얼 작성배포 ▪ ISM 교육
	판매원 동기 부여	▪ 판매콘테스트/판매 대회 ▪ 판매인센티브 부여
	판매보조도구 지원	▪ 전제품 카다로그/샘플 ▪ 고객카드/각종자료집 ▪ 명판/수첩/메모지

인적판매 전략

인적판매는 판매원이 목표고객과 직접 대면하여 대화를 통하여 자사의 제품이나 서비스를 구매하도록 설득하는 커뮤니케이션 활동이다.

즉, 인적판매는 점포에 나타난 고객이나 잠재고객을 찾아 그들과 직접 접촉하면서 판매를 유도하는 점에서 수요창출의 결정적 역할을 하는 중요한 판매촉진방법의 하나이다.

따라서 인적판매는 판매원과 소비자 사이의 원만한 커뮤니케이션의 형성이 요구된다. 판매원은 시장변화에 예민하고 상품이나 시장에 대한 전문적 지식을 가지고 고객을 잘 다루어 나가는 의사소통에 필요한 기술을 지니고 있어야 하고, 고객의 필요와 욕구를 파악하며 그것을 충족시켜주고, 나아가서는 고객을 도와주고 교육할 수 있는 능력을 지녀야 한다.

정(情)으로 하는 마케팅

"마케팅을 정으로 하라"는 말이 있다. 이것은 진실의 순간(Moment of truths), 관계마케팅(Relationship marketing)과도 일맥상통한 의미로 특히 고객과의 최종접점에 있는 판매원이 고객을 대할때 마음에서 우러나는 인간적인 정을 가지고 접근함으로써 고객을 감동시킬수 있고, 감동된 고객을 평생고객화 시킬수 있다. 서양문화와는 달리 인정이 많고, 인간관계를 중시하는 우리나라 사회에서는 판매원 개개인이 이러한 인간적인 정을 가지고 고객을 대할때 그 어떤 촉진수단보다도 강력한 무기가 될 수 있을 것이다.

인적판매의 단계

① 구매가능성이 높은 잠재고객의 파악
② 접근하기전 정보수집을 통한 준비
③ 접근
④ 정보의 제시 및 설득
⑤ 이견의 정리
⑥ 판매종결(거래완료)
⑦ 거래후 관리

인적판매의 특징

- 제품에 대한 구매확신을 줄수 있기 때문에 먼저 광고로 제품을 알리고 그다음 단계로 인적판매를 수행하면 효과적이다.
- 목표고객을 선별적으로 접근하는 좋은 방법이다.
    - 우리나라의 인적판매는 인간관계를 통하여 구매성공율을 높이고 비교적 비용이 절감되는 효과 때문에 널리 이용되어 왔다.
- 즉각적인 반응이 있고 장기적인 관계를 유지할 수 있다는 장점이 있다.
- 이미 어느정도의 호감이 형성되어 있는 상태에서 구매에 대한 확신을 제공함으로써 구매로 연결할 수 있는 효과가 있다.
- 혁신적인 신제품의 시장 진입에 효과적인 판촉수단이다
- 인적판매원은 제품에 대한 전문적 지식이 필요하다.
- 비용이 많이 들기 때문에 일반제품보다는 산업재의 촉진이나 중간상의 촉진 혹은 단체구매 등에 적합하다.

인적판매의 장·단점

장점	단점
- 소비자에게 개별적이고 많은 정보를 제공할 수 있다 - 상호 간의 커뮤니케이션이 가능하다 - 시간낭비가 적다 - 정보탐색과 광고이후에 효과적이다 - 즉각적이고 명백한 피드백이 가능하다	- 광범위한 소비자를 대상으로 하기에는 부적절하다 - 비용이 비싸다 - 판매원의 강요로 부정적인 이미지를 줄 수 있다

인적판매 과정에 따른 판매원의 분류

주문 접수자형	- 고객들은 자신의 욕구를 잘 알고 있으며 겸손하고 차분한 판매원을 좋아한다 - 고객들을 방문해서 필요한 것이 없는지 질문하는 수동적인 유형
판매 지향형	- 고객들은 강하게 밀어붙여 요령있게 설득해야 구매를 하게되며 구매후에는 후회하지 않을 것이며 후회해도 상관없다고 생각한다
고객 지향형	- 고객의 욕구를 파악하고 해결책을 제시하는데 훈련이 되어 있다 - 고객의 욕구에 의해 판매기회가 발생하며 욕구를 해결할 수 있는 제안에 대해서 좋은 감정을 가지며, 장기적인 관점을 가지는 판매원과는 지속적인 거래를 유지하고자 한다

소비자들이 좋아하는 판매원의 특징

- 신뢰성/정직성/문제해결에 대한 순발력/제품에 대한 전문적 지식

소비자들이 싫어하는 판매원의 특징

- 밀어붙이는 유형/거만함/신뢰성 부족/너무 말이 많음/고객 욕구를 파악하려 하지않음

2 마케팅 전략 기획서 작성 양식

　마케팅 전략 기획서는 기존상품의 매출을 활성화시키기 위해서 또는 판매가 부진하거나 정체되어 있는 상품의 소비자 수요를 확산시키고 매출과 수익을 향상시키기 위해서 작성한다.

　먼저 전체시장 흐름과 3C분석, 즉, 경쟁사, 고객, 자사를 분석한다. 경쟁사의 상품, 브랜드, 가격, 그리고 경쟁사별 강.약점과 마케팅력, 주요전략, 매출추이 등을 분석하고, 자사에 대해서도 같은 방법으로 분석한다. 고객분석은 정성조사나 정량조사를 통해 고객의 상품 선택 기준과 속성에 대한 상대적 중요도, 기존상품에 대한 불만점, 소비자 지표 추이 등을 분석한다. 전반적인 시장분석과 동시에 SWOT분석으로 기회를 살리는 전략, 위협을 회피하는 전략, 강점을 살리고 약점을 극복하는 전략 등을 다양하게 도출한 다음, 최종적으로 이러한 전략 등을 믹스해서 가장 바람직한 전략대안을 개발한다.

　목표시장 선정을 위한 시장세분화는 행동변수와 특성변수를 가지고 먼저 시장을 세분화한 다음, 각각의 시장을 조합하여 몇 개의 세분된 시장을 발견하고, 다시 세분된 시장을 일정한 평가기준에 따라 가중치를 두어 평가를 한다. 평가결과 가장 점수가 높은 시장을 제1표적시장, 그 다음 높은 시장을 제2표적시장으로 정한다. 포지셔닝 전략은 먼저 이미 나와있는 브랜드들을 포지셔닝맵을 이용하여 정리하고, 그 다음 우리

브랜드를 소비자 머릿속에 인식시킬 위치를 정한다.

　마케팅 믹스 전략은 제품전략, 가격전략, 유통전략, 프로모션 전략 등을 순서대로 작성한다. 특히, 기존 제품의 포트폴리오를 분석해서 더욱 자원을 집중해야 할 제품과 시장에서 철수해야 할 제품을 구분하고, 품목 및 브랜드 구조조정을 통해 마케팅 자원의 효율성을 높여야 한다. 광고전략과 판촉전략은 별도의 첨부자료를 통해 매체별, 또는 판촉 유형별 마케팅 자원의 집행계획을 세부적으로 작성해야 한다.

　마케팅 전략 수립 내용에 따라서는 손익계획과 일정계획도 함께 작성되어야 한다.

시장환경분석

1. 시장 개요

	전체시장	기존 Seg.별 시장
시장동향		
성장요인분석(+,-)		
수요전망		
고객특성		

시장규모

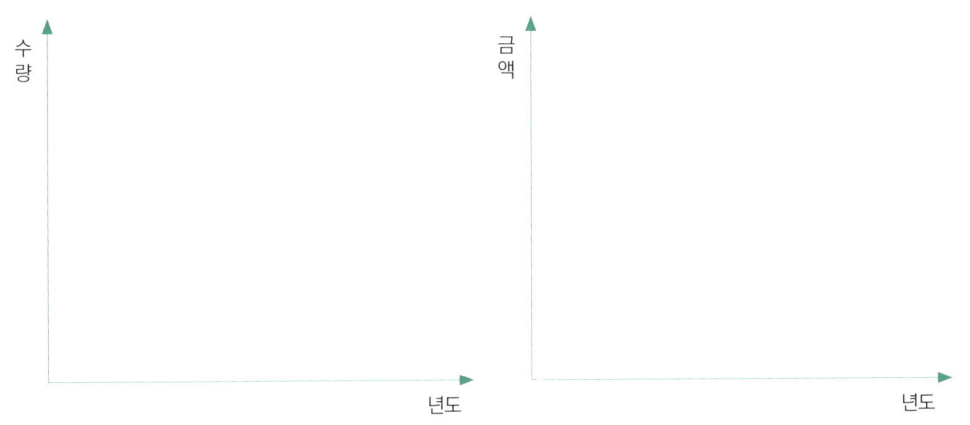

2. 유통구조 분석

	주요내용
유통채널 현황	
채널별 특징	
사별 채널구조 및 기타	

3. 경쟁사 분석

경쟁사별 상품 분석

	A사	B사	기타
브랜드 성분, 특징 가격			

경쟁사별 강·약점

	A사	B사	기타
강점			
약점			

경쟁사별 마케팅력

	A사	B사	기타
핵심기술 보유			
신제품 개발력			
서비스			
생산능력			
자금력			
유통/촉진			
브랜드력			

경쟁사별 주요 전략

	A사	B사	기타
표적시장 (Target Market)			
포지셔닝 (POSITIONING)			
핵심전략			

경쟁사별 매출 추이 분석

	A사	B사	기타
판매량			
판매액			
M/S			

4. 고객 분석

조사설계

전략적 기초자료 수집을 위한 조사 설계	
조사대상자	
자료수집 방법	
표본크기/표본구성	
주요조사내용	
분석방법	

고객분석(조사결과 첨부)

- 고객 NEEDS 분석

- 고객의 상품선택 기준/상대적 중요도

- 기존상품에 대한 고객의 불만점

- 최근의 소비자 지표 추이

고객이 원하는 상품

속성(Attribute)	편익(Benefit)	가치(Value)

5. 자사분석

상품 분석

브랜드 성분, 특징 가격	

매출 분석

	년	년	년
판매량			
판매액			
M/S			
판매특징			

강 · 약점 분석

	강점	약점
상품력		
생산능력		
R&D력		
마케팅력		
유통력		
자금력		

자사 주요 전략

표적시장	
포지셔닝 전략	
브랜드 전략	

SWOT 분석

		강점	약점
기회			
위협			

	시장기회/ 전략대안	

STP 전략

시장 세분화

추구편익	사용상황 특성	인구통계적 특성	Life Style 특성
①	①	①	①
②	②	②	②
③	③	③	③
④	④	④	④
⑤	⑤	⑤	⑤
⑥	⑥	⑥	⑥
⑦	⑦	⑦	⑦
⑧	⑧	⑧	⑧
⑨	⑨	⑨	⑨
⑩	⑩	⑩	⑩

세분시장 Profile 분석

	세분시장 A	세분시장 B	세분시장 C	세분시장 D
추구편익				
사용상황				
인구통계적 특성				
Life Style 특성				
조합				

표적 시장

시장평가기준	중요도	세분시장 A	세분시장 B	세분시장 C	세분시장 D
시장의 매력도 (시장규모/성장성/수익성)					
자사와의 적합성 (성공요건/추구 방향과의 일치성)					
경쟁의 정도 (경쟁사의 마케팅력/상품의 위협 정도)					
고객의 편익 및 가치					
총합	100				
순위					

시장 선정

- 제1표적시장 :
- 제2표적시장 :

포지셔닝 전략

- 포지셔닝 전략 :

가치포지셔닝	고객측면	제품측면
편익/속성 (상) 편익/속성 (하) 저소득 — 고소득	Heavy User — Light User	High Price — Low Price Old — Young

※ 포지셔닝 고려요소 : 속성/편익, 경쟁사 위치, 가격/품질, 사용자, 제품범주
※ 좌표상의 항목은 상품에 따라 다르게 정할 수 있음.

마케팅 믹스 전략

1. 제품 전략

기존 제품 포트폴리오 분석

높음

- 브랜드수 :
- 매출액 :
- 영업이익 :

- 브랜드수 :
- 매출액 :
- 영업이익 :

브랜드성과 (1)

- 브랜드수 :
- 매출액 :
- 영업이익 :

- 브랜드수 :
- 매출액 :
- 영업이익 :

낮음　　　　　　　　　　　　　　　　　　　　높음

시장매력도 (2)

(1) 영업이익률과 매출액으로 결정
(2) 시장크기와 시장 성장률로 결정

세부 제품 전략

전략 기본 방향	
판매채널별 상품전략	
월별/분기별 역매제품 전략	

브랜드전략

2. 가격 전략

3. 유통 전략

기본 전략 방향

기존 보유 유통채널	
유통채널 대안 및 장·단점	
유통채널 선정 및 사유	
채널별 진입 전략	

단계별 유통 확대 계획

1단계	2단계	3단계

4. 프로모션 전략

기본전략 방향

광고	
판촉	
홍보	
인적판매	

단계별 전략

1단계	2단계	3단계

광고 전략

광고목표	
광고콘셉트	
표현전략	
모델전략	
매체전략	
광고비 운용계획	

판촉 전략

거래처 판촉	
소비자 판촉	
사내 판촉	
판촉비 운용 계획	

홍보 전략

PUSH 전략	
PULL 전략	

5. 전략 체계도

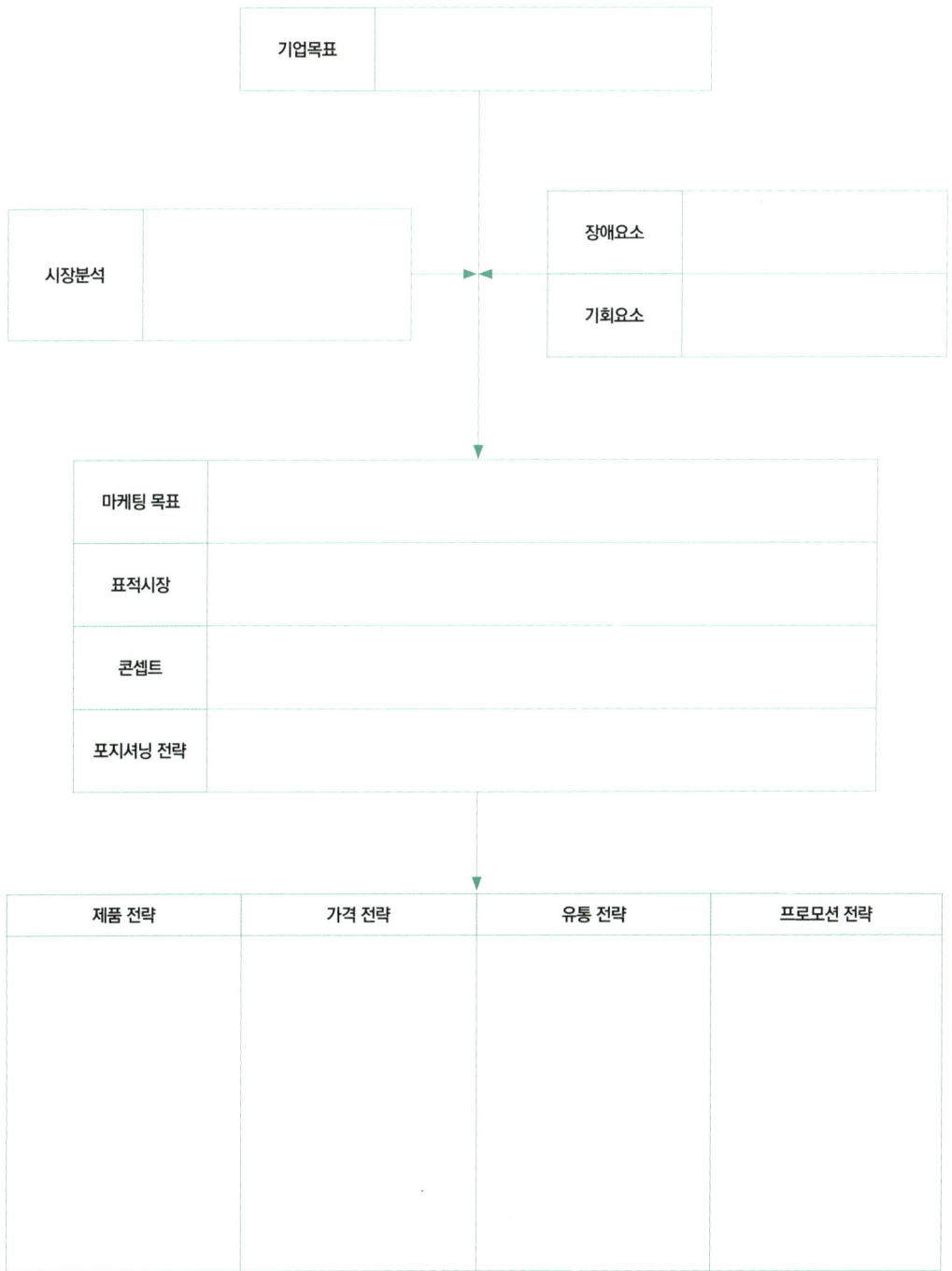

III 중장기 마케팅 전략

1 중장기 마케팅 전략 수립 방법

중장기 마케팅 전략 수립은 마케팅 전략이나 신제품 개발 전략 수립 시와 마찬가지로 고객분석, 경쟁사분석, 자사분석을 철저하게 하고, 특히, 외부환경의 트렌드나 산업동향을 좀 더 심도있게 분석해야 한다. 시장환경분석을 통해 수요확대를 위한 중장기적 관점의 전략 가설 시나리오를 낙관적인 경우와 비관적인 경우로 나누어 작성한다.

전략 가설 시나리오는 이미 진출해 있는 경쟁사의 움직임과 향후 새로 진입이 예상되는 잠재적 경쟁사까지도 예상하여 작성해야 한다. 이러한 가설 하에서 자사의 중장기 성장을 위한 기본적인 전략 방향을 도출하고, 더 나아가 중장기 세부 실행 전략을 수립하게 된다.

중장기 세부 실행 전략은 기존 제품군의 포트폴리오 분석을 통해 지속적으로 육성해야 할 상품군, 수익 창출 상품으로 유지해야 할 상품군, 시장에서 퇴출시키거나 단종해야 할 상품군 등을 분리해서, 각 상품군의 마케팅 전략을 수립한다. 또한, 시장기회가 있는 신규 상품군의 진출 전략을 연도별로 수립하고, 마지막으로 전체 중장기 브랜드 로드맵을 작성한다.

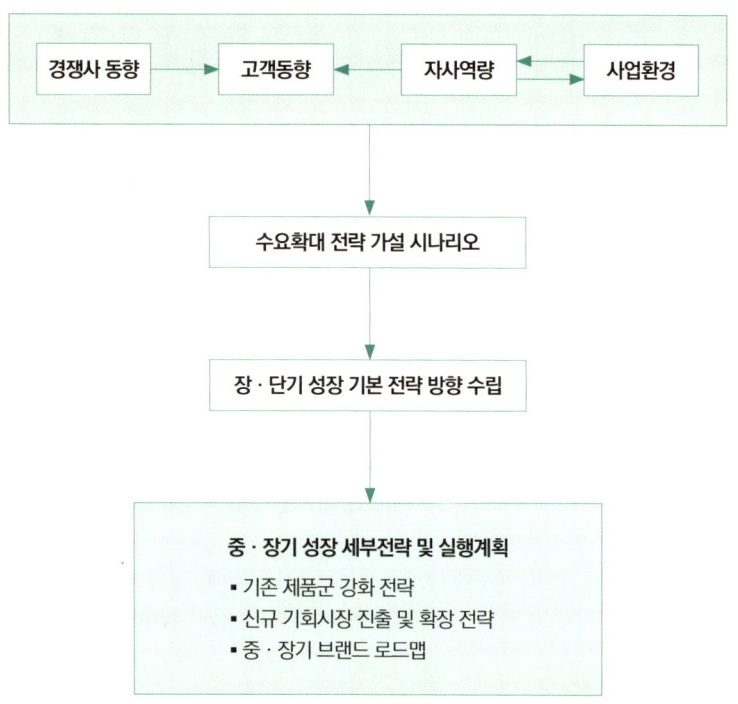

2 중장기 마케팅 전략 수립 양식

중장기 마케팅 전략은 좀 더 거시적인 관점에서 중장기적인 시장의 흐름과 트렌드, 그리고 정치·경제적인 측면에서의 외부환경 분석을 철저히 하고, 내부환경도 중장기적인 사업 전개 계획과 투자 계획 등을 파악한다.

또한, 과거 성공·실패 사례를 분석해보고, 기존 제품과 사업구조의 포트폴리오를 분석한다. VRIO관점의 Value Chain 평가와 경쟁 Gap, 그리고 PLC관점에서 전략적 시사점도 도출한다.

다음은 낙관적, 비관적 전략 가설 시나리오, 중장기 마케팅 전략 방향, 기존 제품 강화전략, 신규제품 개발전략, 중장기 브랜드 로드맵 순으로 작성한다. 특히, 가치사슬분석을 통해 차별화우위와 경쟁우위 요소를 도출해서 중장기 전략에 반영한다. 그리고 중장기 전략은 중장기 사업이나 제품의 진출계획만 중요한게 아니라 실제 이러한 계획을 성공시키기 위해서 반드시 필요한 인프라나 핵심역량 구축계획을 함께 수립하는게 중요하고, 중장기 마케팅 전략의 추진일정도 함께 제시되어야 한다.

시장 환경 분석

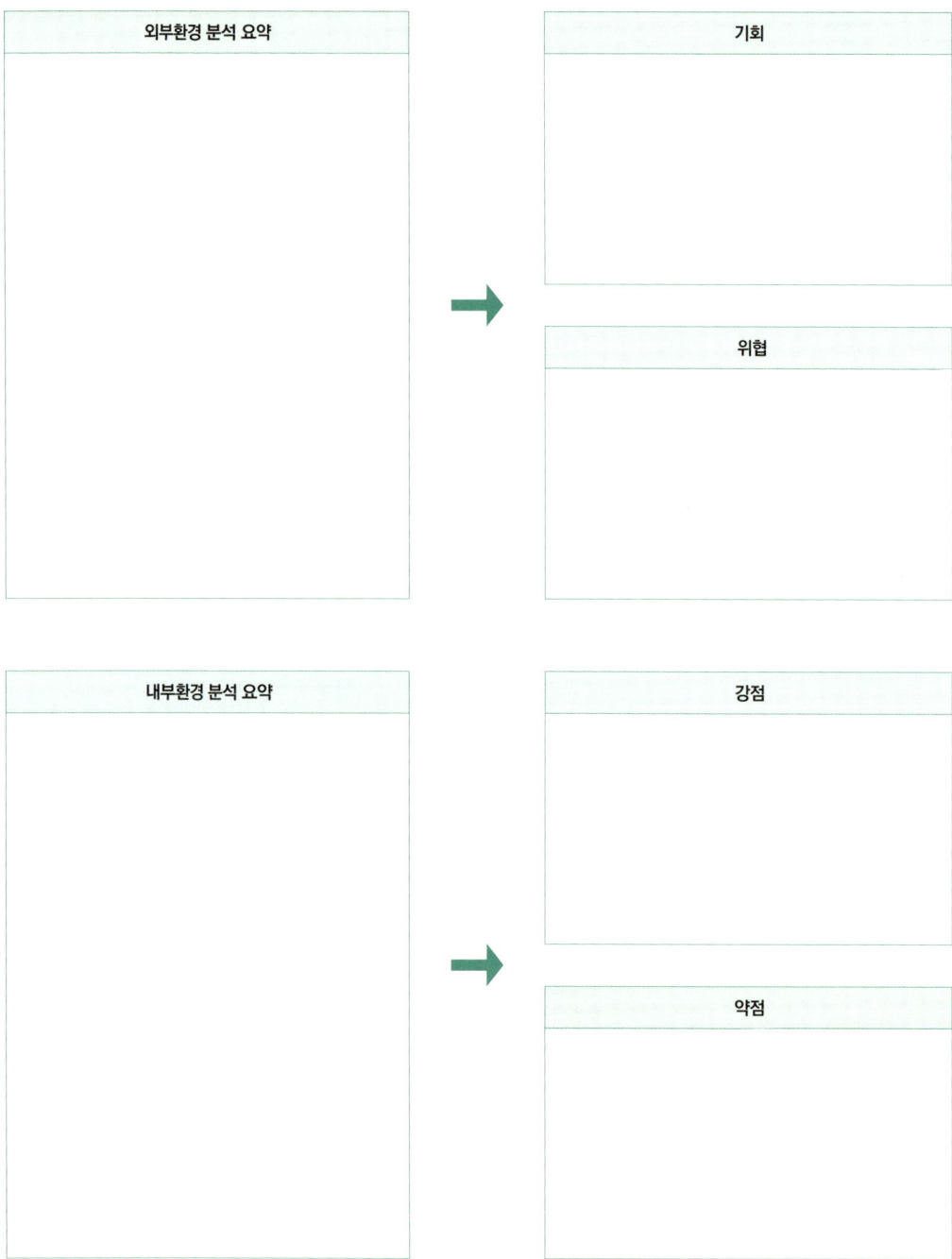

전략적 시사점 도출

SWOT 분석과 전략적 시사점

	강점	약점
기회		
위협		

→ 시사점

경쟁역량분석과 전략적 시사점

경쟁역량분석	자사	
	강점	약점
경쟁사 강점		
경쟁사 약점		

→ 시사점

자사 성공·실패 사례 분석과 시사점

구분	성공·실패 사례 요약	요인 분석	전략적 시사점/향후 개선방향
1			
2			
3			

기존 제품 포트폴리오 분석과 시사점

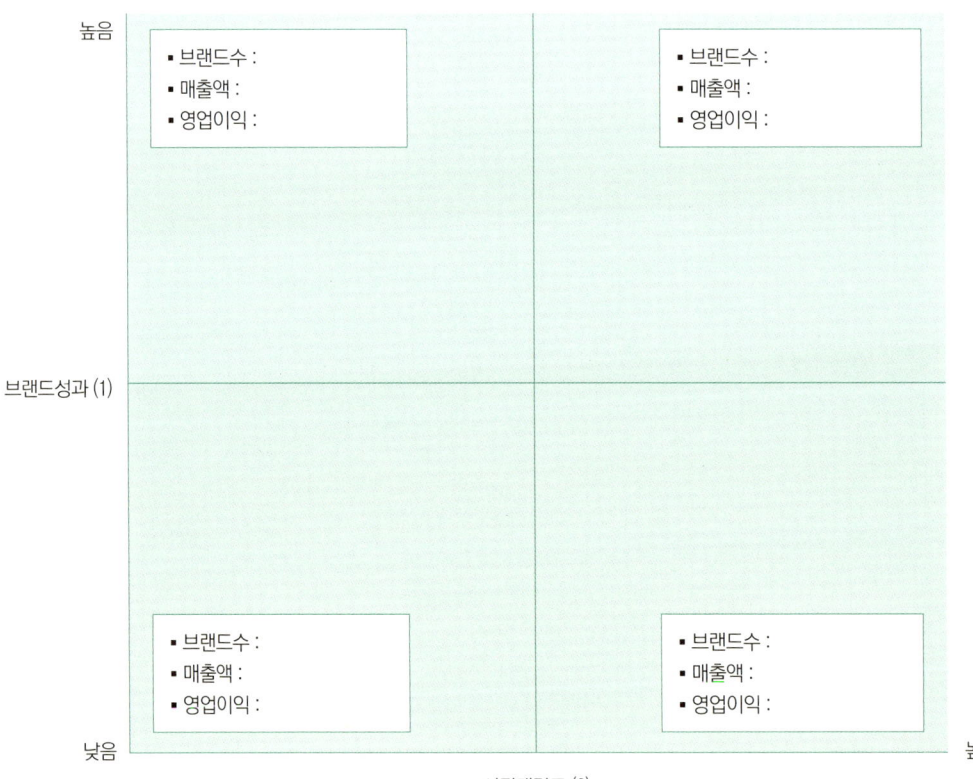

(1) 영업이익률과 매출액으로 결정
(2) 시장크기와 시장 성장률로 결정

VRIO 분석과 전략적 시사점

핵심 성공 요인	VRIO 관점의 Value Chain평가	경쟁 Gap	전략적 시사점
브랜드력			
제품 선도력			
원가 경쟁력			
유통력			
자금력			
종업원 열정			

PLC 분석과 전략적 시사점

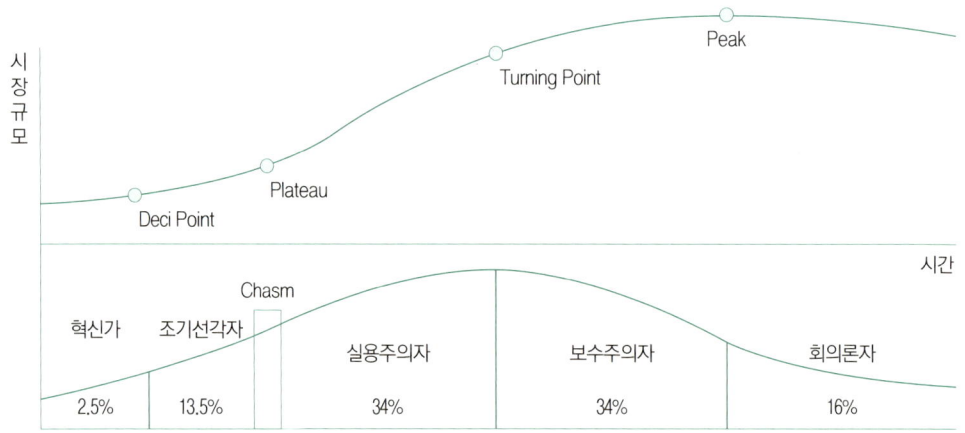

단계	도입기	성장 전기	성장 후기	성숙기
고객특성	자신에게 의미 있는 신제품을 스스로 찾아 구매하는 그룹으로 매우 외향적인 성향	매우 분석적이고 품질과 가격을 비교하여 구매하는 그룹으로 타인의 사례를 보고 구매	전통적인 것을 선호하고, 사용에 필요한 모든것이 제공되는 것을 구매하는 그룹으로 할인된 값에 구매하는 것을 선호 (재구매 발생)	생활에 필요한 기본적인 것을 제외하고, 새로운 제품에 대한 필요성을 별로 느끼지 않는 보수적인 그룹 구매하기보다는 비판적임
제품특성	기본 기능에 충실한 기본제품	제품의 계열을 확대하고, 품질이 완벽하고 서비스가 보장된 제품	상표와 품목을 다양화하고, 원형제품(Prototype)을 개선한 제품	제품계열을 재정비하고, 취약 제품의 폐기

전략 시나리오의 전개

비관적 전략 시나리오

낙관적 전략 시나리오

중·장기 마케팅 전략 방향

중장기 마케팅 기본 전략 방향

전략 목표	
중장기 마케팅 기본 전략 방향	
인프라 구축	
기타	

중장기 경쟁 우위 전략

차별화 우위 전략	
비용 우위 전략	

중장기 경쟁 우위 전략 – 차별화 우위

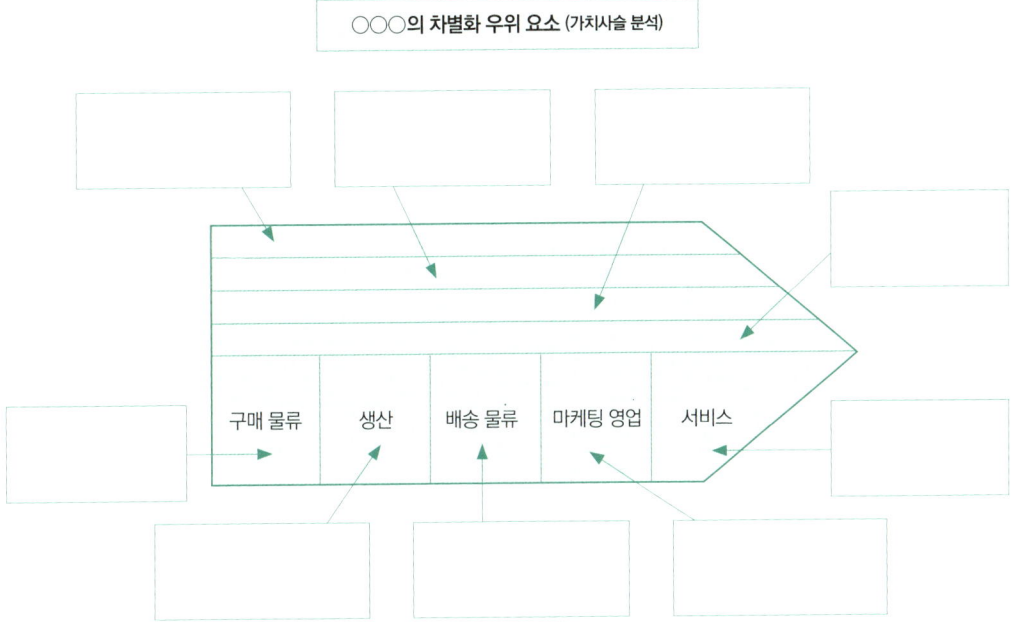

중장기 경쟁 우위 전략 – 비용 우위

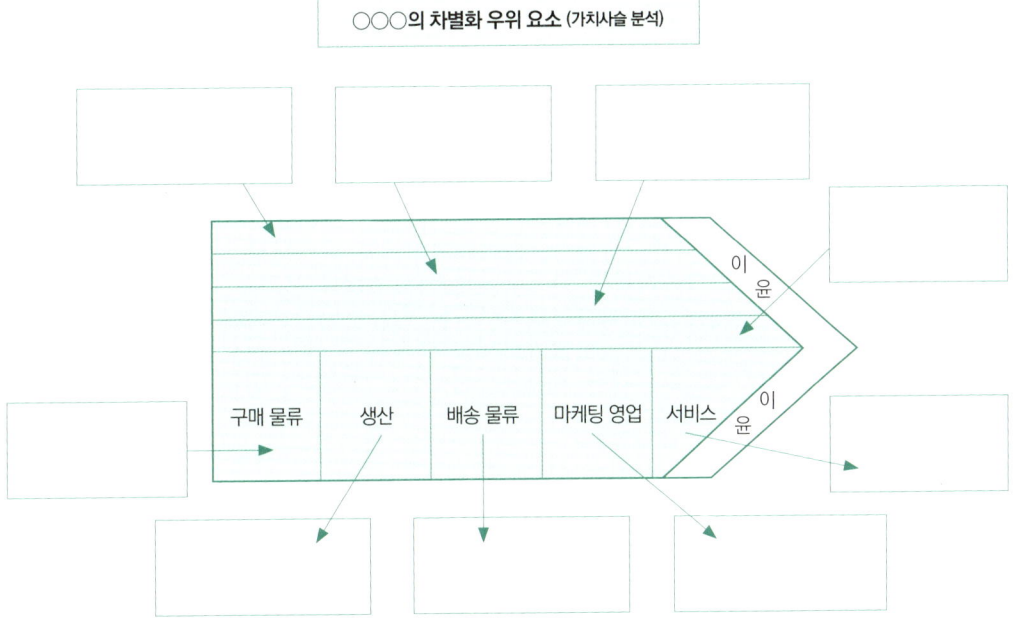

중장기 마케팅 주요 전략

	중장기 마케팅 주요 전략
제품전략 측면	
브랜드전략 측면	
가격전략 측면	
유통전략 측면	
프로모션전략 측면	
인프라 측면	
기타 측면	

기존 제품 강화 전략

중장기 매출 목표

구분	주요목표				
	20XX년	20XX년	20XX년	20XX년	20XX년
매출액 (성장률%)					
영업이익 (영업이익률%)					
시장점유율(%)					

그래프	시사점
매출액,영업이익 또는 매출액,시장점유율 최대 경쟁사와 함께 그래프에 표시	

마케팅 추진 계획

목표	전략	세부내용	추진계획			
			~20XX년	~20XX년	~20XX년	~20XX년

신규제품 개발 전략

1. 신규제품 출시 및 사업 검토

전망분석 – 제품(사업) 매력도 분석

		시장규모	성장성	진입강도	경쟁강도	투자규모	종합평가
제품(사업)1	평점	5	1	4	2	3	
	가중치	1.0	1.5	1.3	1.2	0.8	
	합계	5.0	1.5	5.2	2.4	2.4	16.5
제품(사업)2	평점						
	가중치						
	합계						
제품(사업)3	평점						
	가중치						
	합계						

※ 가중치는 최대 1.5 최소 0.5를 기준으로 하여 절대적 가중치로 함.

매력도 작성 기준

항목	시장규모					성장성					집입강도					경쟁강도					투자규모				
순위	A	B	C	D	E	A	B	C	D	E	A	B	C	D	E	A	B	C	D	E	A	B	C	D	E
평점	5	4	3	2	1	5	4	3	2	1	5	4	3	2	1	5	4	3	2	1	5	4	3	2	1
평가기준	X원 이상	X원 미만	X원 미만	X원 미만	X원 미만	XX% 이상	XX% 미만	XX% 미만	XX% 미만	XX% 미만	매우 높음	낮음	보통	높음	매우 낮음	매우 높음	낮음	보통	높음	매우 낮음	X원 이하	X원 이하	X원 이하	X원 이하	X원 이상

※ 평가항목 및 평가기준은 例示(예시)임. 따라서 사업실정에 맞게 조정 필요.

전망분석 – 제품(사업) 전망 Matrix

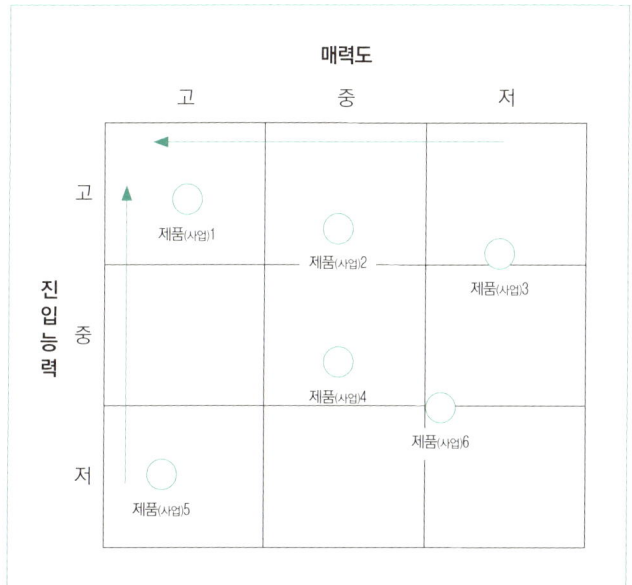

유망 제품(사업) 선정

선정 제품(사업) 종합 분석

사업명	제품(사업)특성	제품(사업)매력도	自社(자사)진입능력	진출 전략 방향
제품(사업)1				
제품(사업)2				
제품(사업)3				

신규 제품(사업) 진출 전략

제품명 : ○○○

단계별 진출전략

기반 조성기(20XX년 이전)	진출→성장기(20XX~20XX년)	성숙기(20XX~20XX년)

주요 목표

	주요지표		핵심 성공 요인	진입시기 및 방법	필요 자원
	진입년도	3년후			
매출액					
시장 점유율					
영업 이익					
경상 이익					
투자비(누계)					

제품명 : ○○○

핵심역량 구축방안

	기반 조성기(20XX년 이전)	진출↔성장기(20XX~20XX년)	성숙기(20XX~20XX년)
기술력 (R&D)			
정보력			
마케팅력 (구매조달)			
재무력			
인사조직			

제품명 : ○○○

마케팅 추진 계획

목표	전략	세부내용	추진 계획			
			~20XX	~20XX	~20XX	~20XX
▪ 브랜드 이미지 확립 ▪ 매출목표 - 20XX - 20XX - 20XX - 20XX - 20XX						

Ⅲ. 중장기 마케팅 전략

중장기 브랜드 로드맵

IV

차기년도 마케팅 계획

1 차기년도 마케팅 계획 수립 방법

　차기년도 마케팅 계획 수립은 브랜드 매니져가 자신이 맡고 있는 브랜드에 대한 금년도 성과분석과 차기년도 시장환경을 예측하여 차기년도 브랜드별 마케팅 계획을 수립하는 것을 말한다.

　차기년도 마케팅 계획 수립을 위해서는 먼저 자신이 맡고있는 상품의 카테고리 환경분석, 소비자 환경분석, 유통환경분석., 경쟁환경분석을 한다. 그리고 각각의 환경분석은 현황과 예측, 그리고 시사점과 대응방안을 간결하게 정리한다.

　다음에는 차기년도 브랜드 목표 및 예산계획, 차기년도 목표달성 세부 추진전략, 그리고 차기년도 손익계획을 작성한다. 차기년도 브랜드 목표는 가능하면 숫자로 제시하고, 그 목표를 달성하기 위해 필요한 예산을 월별로 수립한다. 차기년도 목표달성 세부 추진전략은 상품 포트폴리오 구성과 제품별 세부 전략을 수립한다. 마지막으로 차기년도 손익계획은 전년도와 금년도 실적을 먼저 분석하고, 그 다음에 차기년도 손익계획을 수립한다.

2 차기년도 마케팅 계획 수립 양식

금년도 성과분석 및 차기년도 환경예측

카테고리 환경 분석

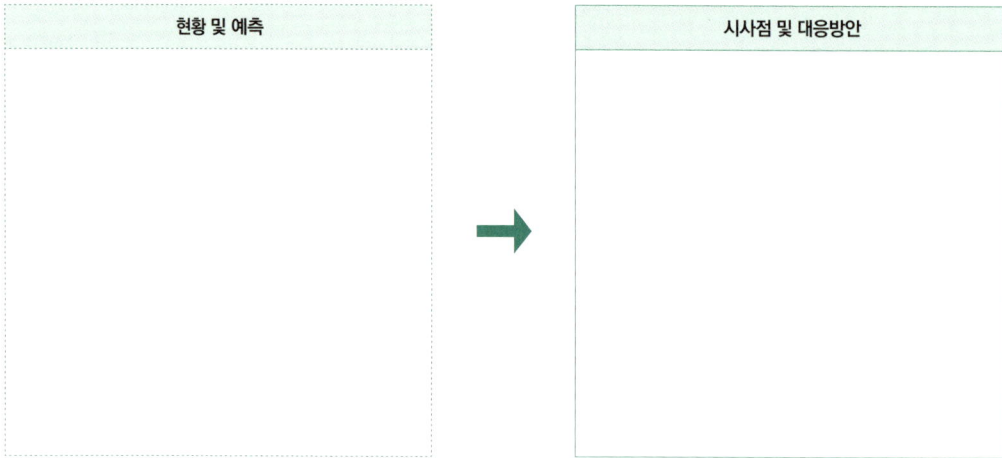

소비자 환경 분석

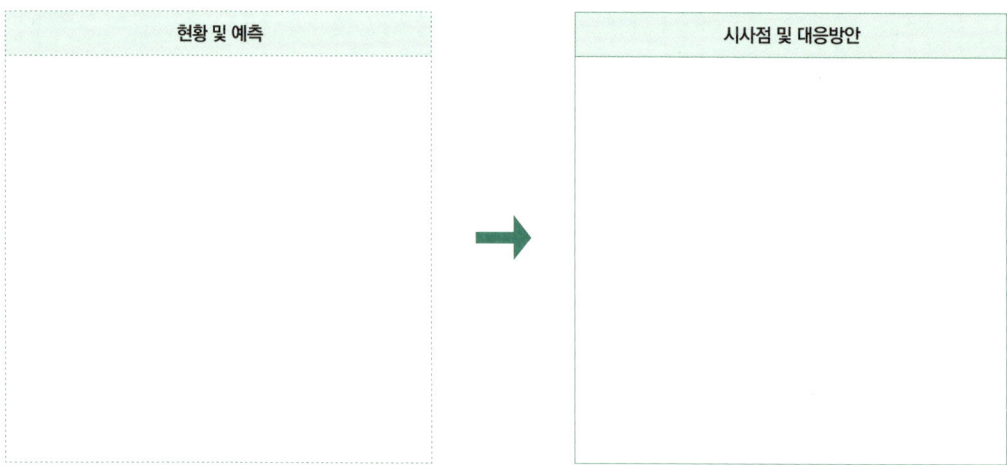

유통 환경 분석

경쟁 환경 분석

담당 브랜드/제품 분석

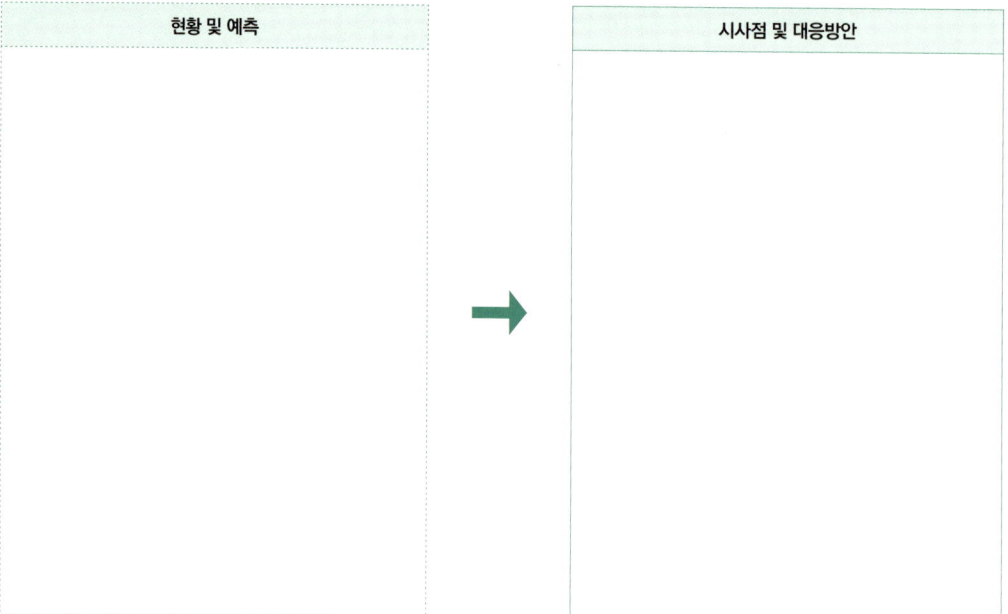

차기년도 브랜드 목표 및 예산계획

브랜드 mission

차기년도 브랜드전략	핵심과제	목표	일정 및 예산 (단위:백만)											
			1	2	3	4	5	6	7	8	9	10	11	12	계
	총예산 (백만)														

Ⅳ. 차기년도 마케팅 계획

차기 년도 목표 달성 세부 추진 전략

상품 포트폴리오 구성

→

제품명	제품별 세부 추진 전략

차기 년도 손익계획

단위:천개,억원

항목		20XX년 실적	20XX년 실적			비중(%)	전년대비 성장(%)	20XX년 계획	비중(%)
			상반기	하반기	총실적				
총매출액									
매출량									
판가									
순매출액									
매출 원가									
매출 이익									
일반 관리비									
판매비	인건비								
	광고비								
	판촉비								
	운반비								
	장려금								
	수수료								
	조사 연구비								
	기타 경비								
영업이익									

V

브랜드 전략

1 브랜드 네이밍 방법

브랜드의 의미   판매자가 자신의 제품이나 서비스를 식별하고 다른 경쟁자와 구별하기 위해 사용하는 상표명(name), 심벌(symbol), 로고(logo), 슬로건(slogan), 패키지(package) 또는 그 결합체이다.

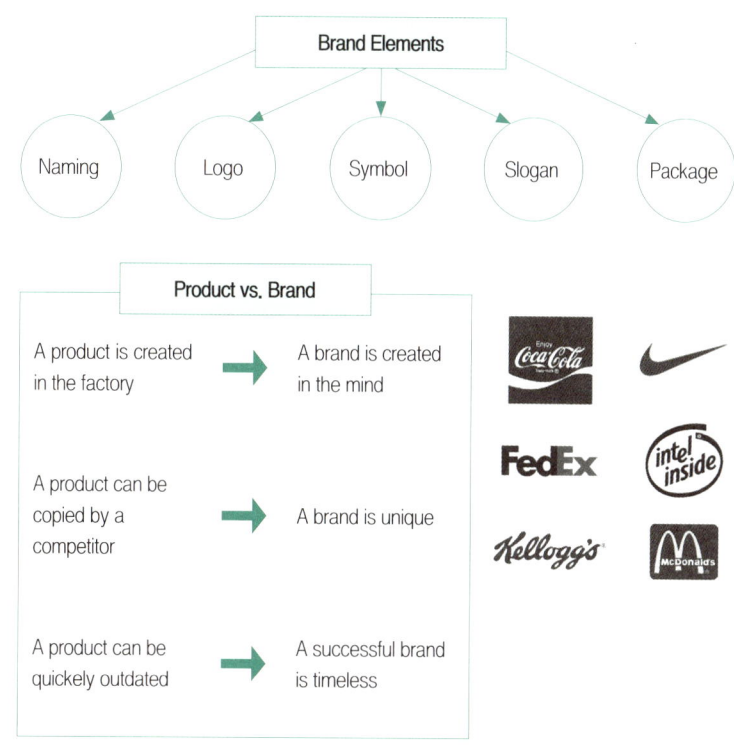

좋은 브랜드의 조건

브랜드는 『자사의 제품이나 서비스를 특정짓고, 다른 회사의 그것과 차별화되는 것을 목적으로 한 이름, 기호, 심볼, 디자인 및 그 조합』이라고 하는 AMA의 정의가 일반적인데, 실질적으로는 브랜드 네임(Brand name)과 브랜드 마크(Brand Mark) 그리고 트레이드 마크(Trade Mark)가 그 중심이다.

브랜드 네임은 소나타, 하이트, 다시다 등과 같이 말로 표현될 수 있는 부분이고, 브랜드 마크는 상표중 상징, 디자인, 색상이나 문자와 같이 인식은 되지만 말로 표현될 수 없는 부분이며, 트레이드 마크는 법적보호에 의해 독점적 사용권이 허용된 등록상표나 상표의 일부분을 말한다.

일반적인 좋은 브랜드의 조건을 나열해 보면

① 제품 특성을 잘 표현할 것
② 발음, 철자, 기억 등이 용이할 것
③ 분명한 의미전달이 가능하고, 참신성이 있을 것
④ 법적인 독립성(상표권) 획득이 가능할 것
⑤ 제품라인의 확장 연결이 가능할 것
⑥ 광고로 전달성이 용이할 것 등이다

이중에서도 좋은 브랜드의 가장 기본적인 조건은 콘셉트의 표현이라고 할 수 있다. 앞에서도 설명했듯이 마케팅믹스 전략은 그 제품의 콘셉트와 일관성이 있어야 한다. 즉, 브랜드 네이밍(Naming)에 앞서 소비자 니즈를 충족시켜주는 제품의 콘셉트를 먼저 명확하게 도출하는 작업이 중요하며, 그 다음 브랜드 네임은 이 콘셉트를 잘 나타내주는 것이 되어야 한다.

브랜드 네이밍(brand naming) 작업시 실무적으로 활용가능한 또다른 평가 기준은?

첫째, 명료성(Clarity)이다. 명료성이란 제품의 콘셉트와 특성을 얼마나 잘 표현해 주고 있는가하는 기준이다. 단, 이 기준은 이미지나 감성을 중시하는 제품류에는 그 중요도가 상대적으로 떨어진다.

둘째, 효용성(Utility)이다. 효용성은 그 제품의 효용가치를 얼마나 잘 나타내고 신뢰성을 주는가하는 기준이다. 명료성의 기준과 관계가 있으며, 너무 과장된 표현을 체크하는 기준이 된다.

셋째, 신선감(Freshness)이다. 신선감이란 그 시대의 언어적 감각에서 얼마나 앞서 나가느냐하는 기준이다.

넷째, 친근감(Warmth)이다. 친근감이란 서정성이라 표현되기도 하는데 신선감을 강조하다 보면 부족하기 쉬운 친근감을 체크해주는 기준이다.

브랜드 네이밍시 법률적 문제 검토

브랜드 작업시 후보안에 대하여 법률적인 검토가 필요하다. 상표법상의 문제 소지가 있는 후보안이나 상표등록에 어려운 후보안은 처음부터 피하는 것이 좋다. 등록받을 수 없는 상표에 대하여 기본적으로 체크해야 할 내용만 간단하게 소개하면 다음과 같다.

- 후보 브랜드안이 이미 선출원이나 상표등록이 되어있는지 확인해야 한다. 상표등록은 53개로 분류된 상품류에 따라 각각 달리 행해지는데 해당 상품류에 다른 사람의 출원이나 상표등록이 없는가를 먼저 확인해야 한다. 이때 좋은 후보 브랜드는 그것이 최종 브랜드가 아니더라도 방어적 차원에서 상표출원을 해둘 필요가 있다.
- 그 상품의 보통명칭을 보통으로 사용하는 방법으로 통상 명칭만을 표시한 상표(상표명외에 다른 기호, 도형 등이 결합되지 않고)는 상표등록을 받을 수 없다.
  - 치약, 비누, 나일론 등
- 어느 특정지역이나 다수인에 의해 오랜 세월동안 사용되어 그 상품에 대하여 관용하는 상표는 상표등록을 받을 수 없다.
  - 청주(정종), 구중청량제(인단) 등

- 그 상품의 원산지, 품질, 원재료, 효능 등 상품의 성질 등을 표시하는 상표는 상표등록을 받을 수 없다.
  - 특별, 우수, super, standard, No1, best 등
- 현저한 지리적 명칭, 예를들면 국가명, 대도시명, 현저하게 알려진 국내외의 고적지. 관광지 등은 상표등록을 받을 수 없다.
- 그밖에 흔한 성, 간단하고 흔한 표장, 국가 또는 국제기관과 외국을 상징하는 표장, 유명한 타인의 성명이나 명칭, 수량이나 가격표시 등은 상표등록을 받을 수 없다.

브랜드 네이밍의 작업순서

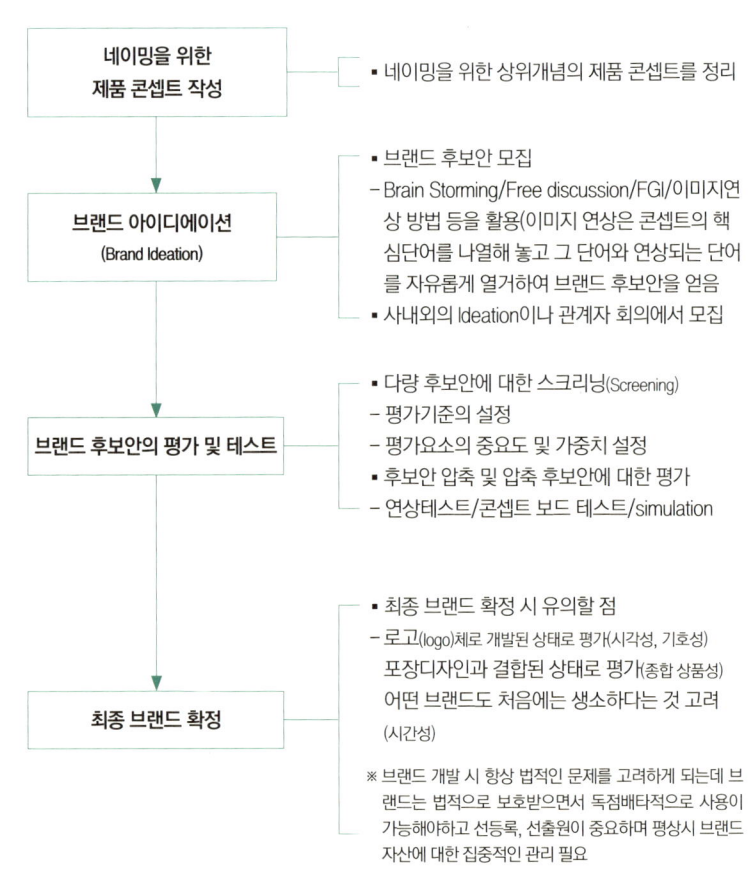

네이밍을 위한 제품 콘셉트 작성
- 네이밍을 위한 상위개념의 제품 콘셉트를 정리

브랜드 아이디에이션 (Brand Ideation)
- 브랜드 후보안 모집
  - Brain Storming/Free discussion/FGI/이미지연상 방법 등을 활용(이미지 연상은 콘셉트의 핵심단어를 나열해 놓고 그 단어와 연상되는 단어를 자유롭게 열거하여 브랜드 후보안을 얻음
- 사내외의 Ideation이나 관계자 회의에서 모집

브랜드 후보안의 평가 및 테스트
- 다량 후보안에 대한 스크리닝(Screening)
  - 평가기준의 설정
  - 평가요소의 중요도 및 가중치 설정
- 후보안 압축 및 압축 후보안에 대한 평가
  - 연상테스트/콘셉트 보드 테스트/simulation

최종 브랜드 확정
- 최종 브랜드 확정 시 유의할 점
  - 로고(logo)체로 개발된 상태로 평가(시각성, 기호성) 포장디자인과 결합된 상태로 평가(종합 상품성) 어떤 브랜드도 처음에는 생소하다는 것 고려 (시간성)

※ 브랜드 개발 시 항상 법적인 문제를 고려하게 되는데 브랜드는 법적으로 보호받으면서 독점배타적으로 사용이 가능해야하고 선등록, 선출원이 중요하며 평상시 브랜드 자산에 대한 집중적인 관리 필요

Naming Test 질문지

'지금부터 어떤 제품의 설명을 보여드리겠습니다.' (콘셉트 보드를 제시하여 1분 정도 읽게한 후 보드를 회수하고 응답자가 볼 수 없도록 뒤집어 놓는다.)

Q1 지금보신 제품의 상표명은 무엇이었습니까? (   )

'방금 보신 콘셉트 보드를 다시 보여드리겠습니다.'

(A-F까지 계속 보여준 상태로 진행한다)

Q2 이 제품의 상표명은 ○○였습니다.(콘셉트 보드를 다시 30초간 보여준다)

A 방금 보신 상표명은 그 제품과 얼마나 관련이 있다고 생각하십니까?

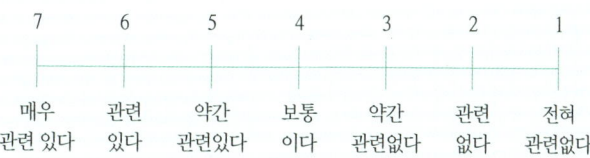

B 지금 보신 제품의 상표명은 다른 샴푸 제품들의 상표명에 비해 얼마나 다르거나 독특하다고 생각하십니까?

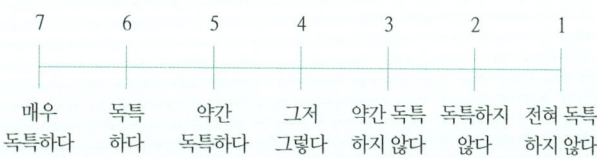

C 지금 보신 제품의 상표명은 귀하에게 얼마나 호감이나 흥미를 느끼게 해준다고 생각하십니까?

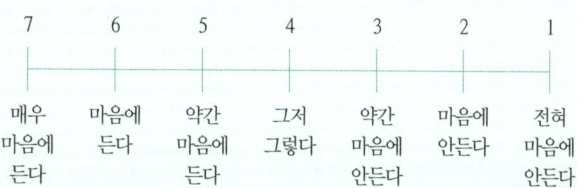

D   지금 보신 제품의 상표명은 귀하에게 얼마나 필요하거나 중요하다고 생각 하십니까?(얼마나 의미 있는 느낌을 준다고 생각하십니까?)

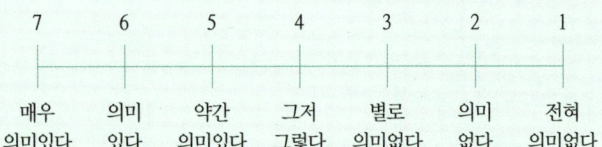

E   지금 보신 제품을 앞으로 구매해 볼 의사는 어떻습니까?

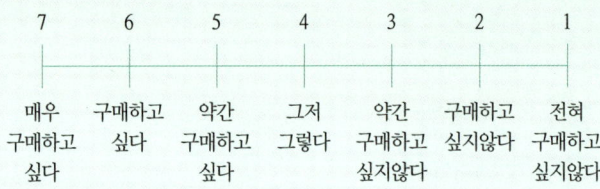

F   지금 보신 제품을 구매할(구매하지 않을)이유는 무엇입니까? 모두 말씀해주십시오.

첫번째 응답
_____
_____
_____
_____

두 번째 이하 응답
_____
_____
_____

방금 보신 콘셉트를 다시 보여드리겠습니다.

(A-D까지 계속 보여준 상태로 진행한다)

Q3   이 제품의 상표명은 ○○였습니다.

이 상표명을 다음의 느낌에 따라 평가해 주십시오.

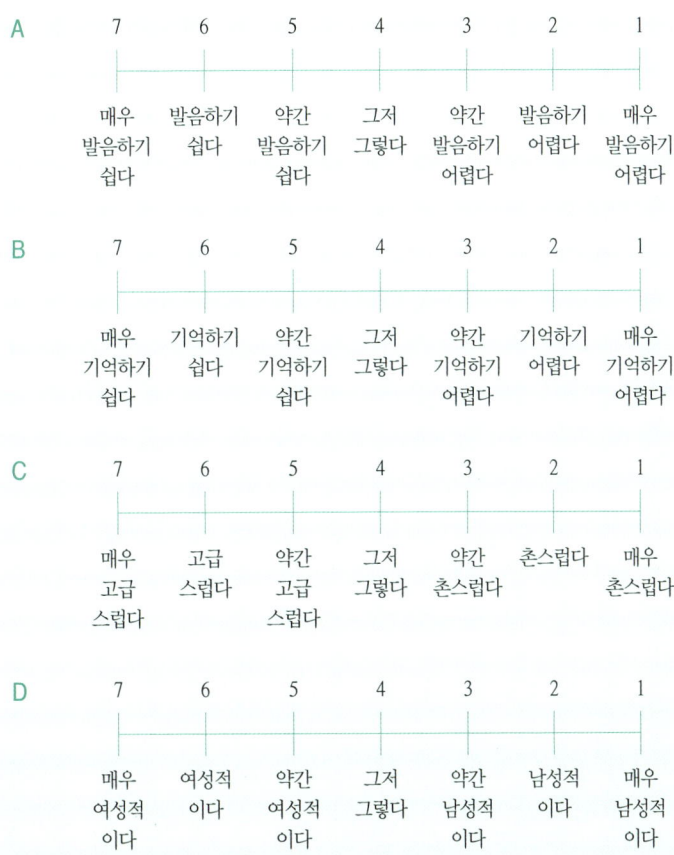

V. 브랜드 전략

2 브랜드 전략 수립

Brand Identity 정립   브랜드 아이덴티티는 목표이미지 즉, 표적고객의 마음속에 심어 주기를 원하는 바람직한 연상과 이미지로서 제품특성, 브랜드명, 심벌, 광고, 판촉, 이벤트, PR 등의 통합적 커뮤니케이션(Integrated Marketing Communication)을 관리한다.

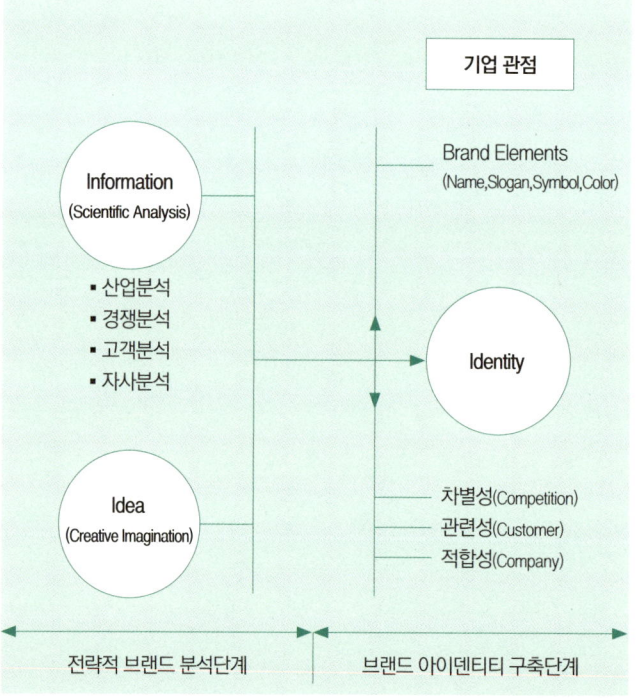
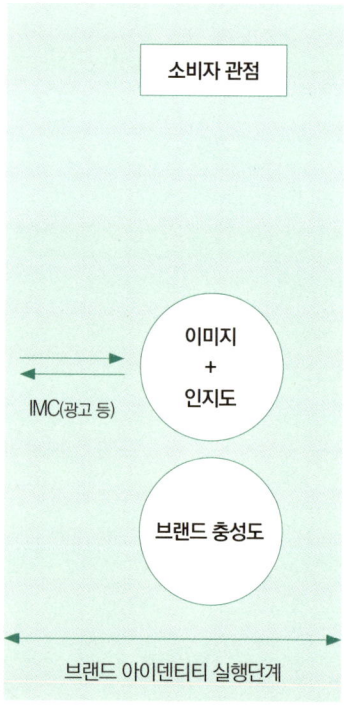

※ Brand Identity 정립 예시

3C 분석을 통한 Brand Essence 구조의 도출 및 Brand Identity의 방향을 정립한다.

예) 고객이 정한 상품 안전기준을 100% 준수, 안심할 수 있고 즐거움을 주는 전문매장

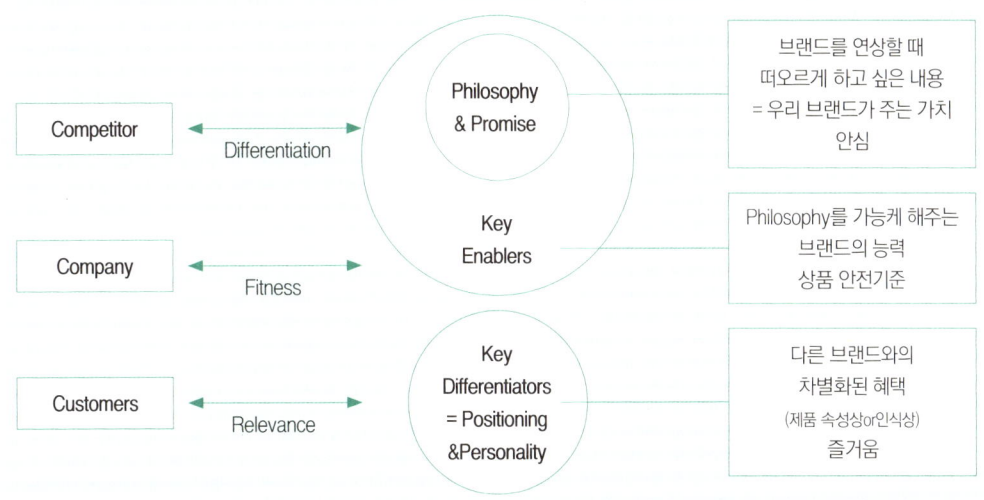

브랜드 계층구조와 브랜드 전략

브랜드 계층구조는 기업상표(Corporate brand), 공동상표(Family brand), 개별상표(Individual brand), 상표수식어(Modifier)로 구분된다.

기업상표는 브랜드 소유권이 누구에게 있는가에 따라 제조업자 상표(National brand)와 유통업체 상표(Private brand)로 나눌 수 있다.

공동상표는 풀무원, 소니, IBM처럼 기업명을 그대로 사용하는 경우도 있고, 아모레, OB처럼 별도의 상표를 사용하는 경우도 있다.

개별상표는 세제의 한스푼, 비트, 슈퍼타이, 스파크처럼 동일제품군 내에 각각 별도 브랜드를 사용하는 경우를 말한다.

공동상표와 개별상표는 그 구분이 명확하지 않고 경우에 따라서 공동상표가 개별상표로 또 개별상표가 브랜드 확장에 의해 공동상표로 바뀔 수도 있다.

상표수식어는 제품의 성분이나 속성, 품질등을 나타내기 위하여 기존의 브랜드 앞, 뒤에 수식어로 붙여 사용한다.

소나타 → 소나타II → 소나타 골드, 그랜져 → 뉴그랜져 같은 사용방식으로 기존 브랜드의 지명도를 살려 적은 마케팅자원으로 효과적인 성과를 거둘 수 있고, 기존 제품의 성분이나 품질이 새롭게 개선됐음을 나타낼 수 있다.

1. 공동상표 전략

공동상표 전략은 3M, IBM, 풀무원, 식물나라, 아모레처럼 자기회사 이름이나 공동상표명을 다양한 제품군에 사용하는 전략으로 신제품을 출시할때 인지도나 이미지가 확실한 기존브랜드를 적은 비용으로 활용할 수 있다. 또 동일상표를 사용하는 여러 제품 중에서 한가지 제품이 성공함으로써 다른 제품에도 긍정적인 효과를 줄 수 있는 장점도 있다. 반면에 공동상표를 사용하는 여러 제품 중에서 어느 한 제품의 이미지가 나빠지면 전 제품에까지 나쁜 영향을 줄 수 있고 또 동일제품군 내에서 동일상표를 사용하는 신제품이 출시되는 경우 두 제품 간의 가격차가 크지 않으면 자기잠식(Cannibalization)현상이 발생할 소지가 많은 단점이 있다. 뿐만 아니라 브랜드 이미지가 소비자에게 강하게 인식된 공동상표는 카테고리가 다른 후속 신제품에 사용하는데 어려움이 많고, 부정적 영향을 줄 위험이 있다.

리바이스트라우스(Levi strauss)는 캐쥬얼하고 활동적인 청바지 이미지가 소비자들에게 강하게 심어져 있었으나 리바이스트라우스사는 새로운 사업의 확장 차원에서 리바이 테일러드 클래식스(Levi Tailored Classics)라는 정장스타일의 옷을 만들어 판매했다. 결국, 소비자는 기존 리바이스트라우스에 대한 이미지 때문에 새로운 정장스타일의 신상품을 외면했다.

2. 개별상표 전략

개별상표 전략은 제품의 속성이나 특징을 잘 나타내주어 브랜드의 명확한 이미지를 쉽게 전달할 수 있다. 따라서 제품에 대한 소비자 관여도가 낮고 제조업체의 신뢰성이 구매에 크게 영향을 주지 않는 제품군에 사용하여 개별 브랜드별로 확실한 이미지를 심는 상표전략이다. 반면에 동일제품군 내에서 제품마다 각각 다른 브랜드를 사용하는 경우 각 브랜드별 고지를 위한 마케팅자원이 많이 소요되는 단점이 있다.

한편 소니(SONY)나 혼다(HONDA)처럼 전반적인 기술수준, 신뢰성, A/S 등 속성이 다양한 제품에 포괄적으로 적용 가능하고, 이러한 속성에 상당히 좋은 이미지와 인지도가 구축되어 있는 경우는 개별상표보다 공동상표에 의존하여 확장해 나가는 전략이 유리하다. 이런 경우도 특히 유의할 점은 공동상표를 사용하는 각각의 별개 제품들 중에서 어느 하나라도 품질에 하자가 생기면 공동상표에 치명적인 이미지 손상을 가져다 줄 수 있다는 점이다.

3. 혼합상표 전략

혼합상표 전략은 『삼성 삶은 세탁기』『LG 김장독 냉장고』처럼 공동상표와 개별상표를 동시에 사용하는 방식이다. 삼성, LG같은 공동상표에 제품의 속성(삶은, 김장독)을 쉽게 표현하는 개별상표를 붙여 2가지 정보

전달에 의한 상승효과와 일체감을 조성하는 효과를 얻게 된다. 다만 소비자는 정보를 단순화하여 어느 하나의 메세지만을 인지하고 기억하는 경향이 있어 두 가지 정보중 하나를 상실하게 되고 정보의 복잡성으로 인해 혼란을 초래할 우려가 있다.

브랜드 확장 전략

브랜드 확장이란 신제품을 시장에 출시할 때 기존시장에서 잘 구축된 브랜드명을 확장하여 그대로 사용하거나 약간 변형하여 사용하는 것으로 그 방법에는 Line Extension과 Brand Extension이 있다. 브랜드 확장을 위해서는 무엇보다 기존시장에서 기존 브랜드가 확고한 위치를 확보하고 있어야 하나 경우에 따라서는 확장브랜드가 성공하여 기존 브랜드의 이미지를 더 강화시켜 주기도 한다.

CJ의 『식물나라』 브랜드는 처음 식물나라 비누로 출시되어 판매가 부진했으나 식물나라 화장품으로 확장하여 성공함으로써 식물나라 비누에도 다시 긍정적 효과를 주어 판매가 크게 신장됐다. 이것은 식물나라 화장품으로의 브랜드 확장시점에 기존 식물나라 브랜드에 대한 소비자 인지도가 낮아 판매부진한 식물나라 비누의 부정적 이미지가 확장제품인 식물나라 화장품에 별다른 영향을 주지 않았고, 오히려 차별화된 전략으로 출시된 식물나라 화장품에 대한 좋은 이미지가 형성되어 비누에까지 다시 파급되는 효과를 준 경우라고 볼 수 있다.

1. Line Extension

Line extension은 동일제품군내에서의 브랜드 확장을 말하는 것으로 신규 브랜드에 있어서 Line Extension 방법은 다음과 같다.
① 새로운 시장기회가 기존 브랜드의 핵심요소(Central Elements)와 지엽적 요소(Peripheral Elements)의 연장선상에 있을때 - 모델명, 스타일명

변경의 경우

② 새로운 시장기회가 기존 브랜드의 핵심요소에서는 똑같으나 지엽적인 부분에서는 달라질때
- Direct sub-branding/Direct line extension(Honda->Honda Accord/다시다-> 즉석국다시다)

③ 새로운 시장기회가 기존 브랜드의 핵심요소와 부분적인 갈등이 있어 상호 간에 브랜드 이미지의 혼란을 야기시킬 가능성이 있을 때
- Indirect sub-branding/Indirect line extension(Marriot Hotel→Courtyard Hotel by Marriot/신세계→이마트 by 신세계)

④ 새로운 시장기회가 기존 브랜드의 핵심요소와 완전한 갈등이 있을때
- Individual Name(도요다->Lexus/수퍼타이 → 한스푼)

2. Brand Extension

Brand Extension은 서로 다른 제품군 간의 브랜드 확장으로 시너지 효과를 높이고 비용절감에 의한 수익향상 효과가 있으나 이 경우도 Line Extension과 마찬가지로 기존 제품의 핵심 요소와 지엽적 요소가 확장제품과 브랜드 이미지상의 일관성이 있어야 한다. 일관성의 유형에 따라 Direct Extension, Indirect Extension, Individual Name으로 구분해 볼 수 있는데 특히 Indirect brand extension은 새롭게 제품을 포지셔닝시키거나 기존 시장을 확대시키고 기존 브랜드에 새로운 기능을 부가할 때 주로 활용된다.

한편, 경쟁이 심해질수록 기존 브랜드의 제한된 이미지에만 의존한 브랜드 확장보다는 새로운 브랜드 개발에 의한 신제품 출시가 바람직할 수도 있으나 마케팅자원의 분산으로 어느 한 브랜드를 집중 육성하여 브랜드 자산화하기가 어렵다는 단점이 있다.

브랜드 확장은 상품화 작업시 일선 실무자가 가장 고민하는 어려운 작업중의 하나다. 특히 동일제품군 내에서 Line Extension하는 경우 당초 상품화 의도와는 달리, 확장된 신제품이 기존 제품의 수요를 잠식하는 현상(Cannibalization)이 생기는 경우가 많고, 기존 제품과 신제품중 어느 하나가 시장에서 외면당하는 사례가 많다.

국내 소비재 제품 중에서도 Line Extension으로 성공한 브랜드가 많지 않는데, 이것은 대개의 경우 브랜드 확장이 고품질, 고가격으로의 상향식 확장이면서 실제 제품의 품질이나 콘셉트 상에서 기존 제품보다 가격 상승분 만큼의 추가적인 가치를 소비자한테 주지 못하고 신상품개발 담당자의 주관적인 바램수준에서 상품화가 이루어지기 때문이다.

담배에서 디스(1,500원), 디스플러스(1,600원), 맥주에서 하이트, 프라임 하이트와 같이 확장한 경우도 단기적으로는 매출 상승효과가 있겠으나 장기적으로 보면 오히려 브랜드 가치를 떨어뜨릴 우려가 있다. 소비자가 소매점에서 진열된 제품을 보면서 디스나 하이트는 저급이고 디스플러스나 프라임 하이트는 고급이다는 인식을 할 수 있기 때문이다.

동일제품군 내에서 브랜드를 복수 브랜드(Multi-brand)로 가는 것과 단일 브랜드를 확장해 가는 전략 중에서 어느 쪽을 택할 것인지 결정하는 과정에서 고려되어야 할 사항은 감각적(Experiential) 이미지가 강한 브랜드는 복수 브랜드전략이 고객의 싫증을 방지할 수 있어 자기잠식(Cannibalization)이 일어나도 유리하고(예: 패션상품류), 기능(Functional), 상징(Symbolic)적인 이미지가 강한 제품은 기존의 브랜드를 리뉴얼함으로써 싫증을 감소시킬 수 있어 2개 제품의 콘셉트 상에서 확실한 차별력이 없으면 복수 브랜드 전략이 바람직하지 않다. 여기서 복수 브랜드 전략은 소비자 욕구상의 세분화에 따라 각각의 세분시장마다 별도 브랜드를 사용하는 전략이다.

P&G의 경우 초기에 세제의 타이드, 치어 등 10여종, 비누의 아이보

리 등 10여 종으로 복수 브랜드 전략을 썼으나 시장경쟁이 치열해지면서 아이보리 브랜드는 비누에서 샴푸, 액체비누 등으로 확장하는 전략을 쓰고 있다.

브랜드 자산과 혜택

환경이 변하면 목표고객 자체가 변할 수도 있고, 목표고객 욕구가 변할 수도 있다. 목표고객 자체가 바뀌면 새로이 마케팅을 전개해야 하지만, 같은 목표 고객이면서 환경변화에 따른 욕구변화만 있다면 기존에 투입한 마케팅 자산을 활용하여 기존 제품, 기존브랜드를 개선하는 마케팅 노력이 효율성 면에서 유리하다.

제품 수명주기 이론의 경우 제품의 근본적 기능보다는 형태적 측면에 치중하여 제품을 보는 시각에서 정립된 가설이라 할 수 있다. 또한, 이 가설에 있어 제품의 수명은 제품 그 자체이거나 제품에 붙은 브랜드 명을 대상으로 하는데, 이것은 매우 좁은 의미에서 제품을 보기 때문이라 할 수 있다. 욕구가 진화함에 따라 좁은 의미의 제품은 수명을 다 한다고 볼 수 있으나 다른 시각에서 보면 변화된 욕구를 제품에 새롭게 반영하여 계속되는 것으로 볼 수 있다. 이러한 시각은 제품을 보다 넓은 의미에서 본 제품, 즉, 제품군이라는 측면에서 보면 수명을 다하는 것이라기보다는 제품이 다른 형태를 취하면서, 고객의 욕구를 반영하면서 진화하는 것으로 볼 수 있다. 특히 이러한 시각을 브랜드에 적용할 경우 자주 브랜드 명을 바꾸어 기존에 투입한 마케팅 노력이 자산화 되지 못하는 것은 바람직 하지 못하다는 것을 내포하고 있다. 즉, 장기적인 차원에서 브랜드를 관리하여 브랜드를 자산화시키는 것이 중요하다.

브랜드 자산은 인지도와 강력한 이미지에 의해서 형성된다. 즉, 소비자에게 잘 인식시켜 좋은 이미지를 형성하면 장기적인 브랜드 자산이 된다. 따라서 자주 브랜드를 바꾸어 기존에 투입한 마케팅 노력이 축적되지 못하면 자산화가 어렵다.

브랜드는 이미지, 즉, 브랜드 콘셉트가 있어야 하는데 이것은 기능적(Functional)인 것, 상징적(Symbolic)인 것, 감각적(Experiential)인 것으로 나누어 볼 수 있다. 대개의 브랜드 이미지는 이 세 가지를 혼합하여 형성된다. 예를 들어 세탁세제인 "비트"제품의 경우 세척력(기능적), 고급세제(감각적), 중상류층 사용(상징적)의 세 가지 이미지가 혼합되어 있으며, 특별히 기능적인 세척력 이미지가 강하게 형성되어 있다고 볼 수 있다. 이러한 브랜드 이미지는 제품의 속성을 중심으로 형성되는 경우가 많으나 실제 제품의 속성 지각(Attribute Perception)을 통한 이미지 형성이 어려운 제품의 경우는 미국 필립모리스 회사의 말보로(Marlboro) 담배처럼 제품의 속성과는 무관하게 인위적으로 이미지를 형성하는 방법도 있다.

미국 필립모리스사의 말보로 담배는 모든 매체 광고에 말보로 맨(Marlboro Man)을 등장시켜, 말보로하면 활동적이고, 야상적인 남자-카우보이를 연상시키는 퍼스넬리티(personality) 이미지 형성으로 미국 시장은 물론 세계시장의 소비자들에게 널리 알려져 있다.

제품의 속성에 의한 이미지 형성은 먼저 소비자를 통해 해당 제품의 속성을 발견하고, 각각의 속성에 대해 자사 제품과 경쟁제품이 소비자들에게 어떻게 인식되고, 평가되고 있는지를 분석하여 경쟁제품에 비해 상대적으로 강점이 있는 속성을 포지셔닝하면 된다. 또 소비자가 가장 중요시 하는 속성이 무엇인지를 찾고, 자사 제품의 그 속성에 대한 소비자 만족도를 높여 줌으로써 좋은 이미지를 형성 할 수 있다. 한편 속성이나 속성지각에 변화를 주는 것이 어렵다면 어떤 한 속성에 대한 소비자 중요도를 변화시켜 주고, 그 속성을 자사 제품의 강점으로 전달함으로써 브랜드 이미지를 형성하고, 브랜드 자산으로 강화시켜 나갈 수 있다.

강력한 브랜드 자산을 갖게되면 매출증대와 매출의 안정성, 시장점유율 획득, 브랜드 확장에 의한 타제품의 매출증대와 비용절감, 경쟁으로부터 보호, 다른 제품의 이윤창출을 도와주는 시너지효과, 회사의 자산가치 증가 등의 효과가 있다. 특히 기업간 인수 합병시 브랜드의 높은 자산가치는 인수, 합병 조건에 많은 영향을 미친다.

장기적 브랜드 육성 전략

지금은 브랜드 시대이다. 기업이 망해도 M&A는 당할 수 있어야 한다는 말이 있다.

즉, 강력한 브랜드가 있어야 한다는 얘기다. 최근 국내 대기업들을 중심으로 브랜드 가치의 중요성을 인식하고, 글로벌 브랜드를 육성하기 위해 많은 노력을 기울이고 있는 것을 볼 수 있다. 장기적 브랜드 육성을 위해서는 처음 신규 브랜드 개발시의 브랜드 콘셉트와 장·단기 브랜드 관리가 무엇보다 중요하다.

기업에 Mission이 필요한 것처럼 브랜드도 이와 유사한 철학이 전제되어야 한다. 그것이 바로 브랜드 콘셉트(Brand Concept)로써 이는 고객의 욕구 차원에서 브랜드에 대한 철학이 반영되어야 한다. 이는 무엇보다도 그 제품이 기능적인 것인지, 상징적인 것인지, 감각적인 것인지 명확히 하여야 한다. 이러한 개념은 제품으로 나오기 전에 선택되어야 하며 이를 실행하는데 마케팅 4P Mix가 활용되게 된다.

제품의 개념을 선택하는 첫 번째 선택 단계에서는 마케팅 자원과 기술은 갖고 있는가, 경쟁자들의 동향은 어떠하고, 고객의 욕구는 어느 쪽에 치우쳐 있는가를 감안하여 이루어져야 한다. 실행단계는 도입과 정교화, 그리고 강화의 단계로 구성되어 있다. 실행의 첫 단계인 도입 단계에서는 경쟁제품과 개념의 차별화가 이루어져야 한다. 이를 위해서는 장기적인 차원에서 전략이 차별화될 수 있도록 하여야 하며, 브랜드에 대한 개념이 고객에게 명확히 이해될 수 있도록 하여야 한다. 또한, 이러한 브랜드 개념은 보다 많은 브랜드와 경쟁할 수 있도록 보다 폭 넓게 접근 되어야 한다.

정교화 단계에서는 상징적 제품의 경우 시장을 빠르게 확산시킬 것인지 아니면 시장을 보호하면서 전개할 것인지 판단하여야 한다. 이러한 시장의 급속한 확산을 제한하는 De-Marketing은 마케팅 노력이 매출증대가 아니라 브랜드 자산을 강화시키는 차원에서 특히 그 의의를 갖는다. 고급 승용차의 판매량을 제한하거나 고급 패션의류를 특정 매장에서만 판매하는 경우가 이와같이 브랜드 이미지를 유지하면서 롱런(long-run) 브랜드화하기 위한 전략의 일환이다.

감각적 제품의 경우는 역시 제품의 가치제고를 올리는 것이 이번 단계의 목표이지만, 그 방법론은 제품과 관련하여 새로운 경험기회를 연결시켜 주거나(Brand Network Strategy) 부수적인 경험을 부가시켜주는 것(Brand Accessory Strategy) 등이 고려될 수 있다. 결국, 정교화 단계의 전략은 기본적으로 가치를 제고(Valve Enhancement) 하는데 그 초점을 맞추어야 한다. 아울러 정교화 단계에서 추진되어야 할 또 다른 전략으로써 브랜드 다변화 전략을 들 수 있다. 이 전략은 기존의 시장 및 브랜드에서 새로운 시장과 새로운 브랜드를 어떻게 확장시켜 나가는 것이 효율적인 성장을 위해 가장 바람직한가에 관한 것이다.

이 전략을 위해서는 무엇보다 기존시장에서의 기존 브랜드가 확고한 위치를 확보하고 있어야만 한다. 이를 바탕으로 다른 시장, 다른 브랜드로 확장시킬 수 있다. 만일 기존시장에서의 기존 브랜드가 불안할 경우 성공하기 어렵다. 이는 현 목표시장에서 No1이 되고난 다음에 이를 바탕으로 전개하는 것이지, 현 목표시장에서의 어려움을 탈피하고자 채택하는 전략이 아니다. 즉, 현 시장에서의 강점을 바탕으로 새로운 시장에서 시너지효과를 얻을 수 있는 성장을 추구하는 것이다.

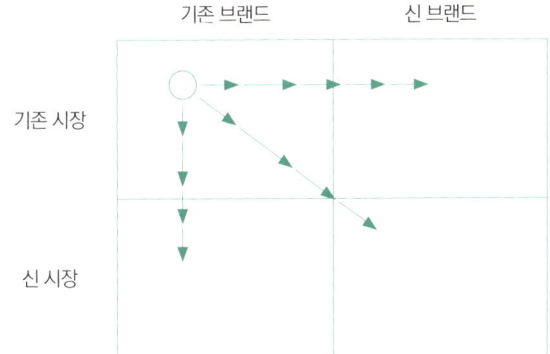

마지막 단계인 강화단계는 다변화전략을 새로운 제품, 새로운 사업군에 적용시켜 효율적 성장을 시도하는 것으로 장기적인 차원에서의 브랜드 육성전략이라 할 수 있다. 이 단계에서 기능제품의 경우 그 기능에 부합하는 수요를 신장시키고 상징제품의 경우는 그 상징성을 다른 수요에도 적용시키며(Demand Generalization), 감각제품은 그 수요를 여러 종류로 나누어 관리한다(Demand Shifting).

단계별 콘셉트	선택단계 (Selection)	도입단계 (Introduction)	정교화단계 (Elaboration)	강화단계 (Fortification)
기능적 (Functional)		포지셔닝 ※ 기능소구 제품도입	▪ Problem-solving ▪ 사용범위확대	▪ 다른제품군으로 브랜드 확장 ▪ 이미지 번들링 (Image Bundling)
상징적 (Symbolic)		포지셔닝 상류층/중류층	▪ Marketing-shielding ▪ 도입단계포지셔닝 이미지 확장단계	▪ Demend Generalization (Total Brand화) ▪ Life Style 이미지 형성
감각적 (Experiential)		포지셔닝 고급/실용적	▪ Brand Network - 다브랜드(싫증감소) ▪ Brand Accessory ※ 여러 형태의 인형	▪ Demand Shifting - 다른 제품군에 이미지 번들링 (Bundling)

3 브랜드 관리 및 지표

브랜드 관리를 위한 Tracking Survey

신제품 출시 후. 2~3개월 간격으로 전화조사, 개별 면접조사를 병행 혹은 단독으로 실시한다.

조사내용으로는

① 사용자 현황(User profile)분석(소비자 세분화 분석-최초구매, 반복구매, 구매행태, 소비행태, 향후 의향 등)

② 제품 인식에 관한 분석(인지도, 인상/연상, 불만점/개선점)

③ 제품속성에 관한 평가(경쟁제품 대비 속성 비교 평가) 등을 한다.

제품의 구매주기에 따라 조사시점을 조정할 필요가 있는데 주기가 긴 것은 4~5개월 후, 짧은 것은 2~3개월로 하고, 본 단계 조사 결과와 출시 전 포지셔닝 조사 결과를 비교 분석해야 한다.

그래서 기존의 전략을 수정하거나 보완하는 작업을 계속하고, 궁극적으로 당초에 계획했던 브랜드 아이덴티티가 하나의 브랜드 이미지로 형성되어 시장에서 롱런하는 브랜드가 될 수 있도록 브랜드 관리를 계속해 나가는 것이다.

이러한 브랜드 관리 노력에 의해 결국 하나의 브랜드 자산이 탄생되고, 이러한 브랜드 자산은 기업이 유지되고 성장하는데, 결정적인 버팀목이 되는 것이다.

브랜드 관리지표

담당/경쟁 브랜드 관련 지속적으로 tracking되어야 하는 지표

- 시장지표
  - 매출액
  - 시장 점유율
  - 가격
- 재무지표
  - 매출 이익
  - 영업 이익
  - 관리 이익
- 고객지표
  - 취급율
  - 재고
  - 회전율
- 광고지표
  - SOV
  - GRP
  - 광고 인지율
- 브랜드지표
  - 인지율
  - Loyality
- 영업보고
  - 감가현황
  - 판촉
  - 결품률

각 지표에 대하여 달성 계획된 정량적 수치

월별 브랜드 성과보고

목표대비 현재 측정치
- 월마다 작성하여 성과 변화 추이를 파악함

항목	목표	목표대비 현황 (1~12)	도출된 이슈 및 해결 방안
시장자표			
▪ 매출액 (단위:억)			
▪ 시장점유율 – 자사브랜드 – 경쟁브랜드A – 경쟁브랜드B			
▪ 가격 (단위:천) – 자사브랜드 – 경쟁브랜드A – 경쟁브랜드B			
재무지표			
▪ 매출이익			
▪ 영업이익			
▪ 관리이익			
고객지표			
▪ 취급율 – 자사브랜드 – 경쟁브랜드A – 경쟁브랜드B			
▪ 재고회전율 – 자사브랜드 – 경쟁브랜드A – 경쟁브랜드B			

- 목표대비 현 성과 비교
- 계획/경쟁 브랜드 대비 성과 격차에 대한 해결방안을 도출하여 핵심과제에 반영

적용 사례

※월별 브랜드 관리지표 작성예시

항목			연간 목표	목표대비 현황												이슈 및 해결 방안
				1	2	3	4	5	6	7	8	9	10	11	12	누적	
매출액	브랜드	물량 금액															
M/S	브랜드 경쟁A 경쟁B		15%	10 11 6	9 12 8	8 10 9	8 9 8	7 10 7									
취급율	브랜드 경쟁A 경쟁B		80	50 60 40	50 60 40	55 60 40	55 60 45	60 60 50									
인지율	브랜드	최초 비보조 보조	40 80 100	20 50 70			25 55 70										
	경쟁A	최초 비보조 보조		70			70										
	경쟁B	최초 비보조 보조		50			50										
광고비	브랜드	TV total	1500		400 400		400 400									800 800	
	경쟁A	TV total		200 200			100 100									300 300	
	경쟁B	TV total				500 500										500 500	

VI
테스트 마케팅

1 테스트 마케팅 프로세스

테스트 마케팅 프로세스

　시제품 처방이 만족한 수준으로 완료되면 곧바로 마케팅믹스 전략 구상과 함께 브랜드명, 포장, 용기작업에 착수하게 된다. 이러한 일련의 작업들이 완료되면 신제품을 출시하게 되는데, 출시 전에 신제품을 출시하여도 될 것인가를 확인하기 위하여 일정한 지역에 한정하여 실제의 소비시장 상황 하에서 시험판매를 실시하는 것을 테스트 마케팅이라고 한다.

　이러한 테스트 마케팅은 전국에 신제품을 본격적으로 발매하기 전에 수립된 마케팅 계획에 따라 신제품을 일정한 목표고객에게 판매하는 것으로 신제품의 실패에 따른 위험부담을 줄일 수 있고, 수립된 마케팅 계획을 보다 현장감있게 사전에 수정·보완할 수 있는 장점이 있다. 반면에 신제품에 관한 정보가 사전에 경쟁사에 노출되는 단점이 있고, 비용과 시간이 많이 소요되며, 계절상품의 경우 적절한 출시시기를 놓치는 위험이 있다. 따라서 국내 기업에서는 실제로 행하는 경우가 많지 않고, 투자액이 크고 전혀 새로운 신제품에 한하여 부분적으로 실시하고 있다.

　테스트 마케팅의 일반적인 프로세스는 다음과 같다.

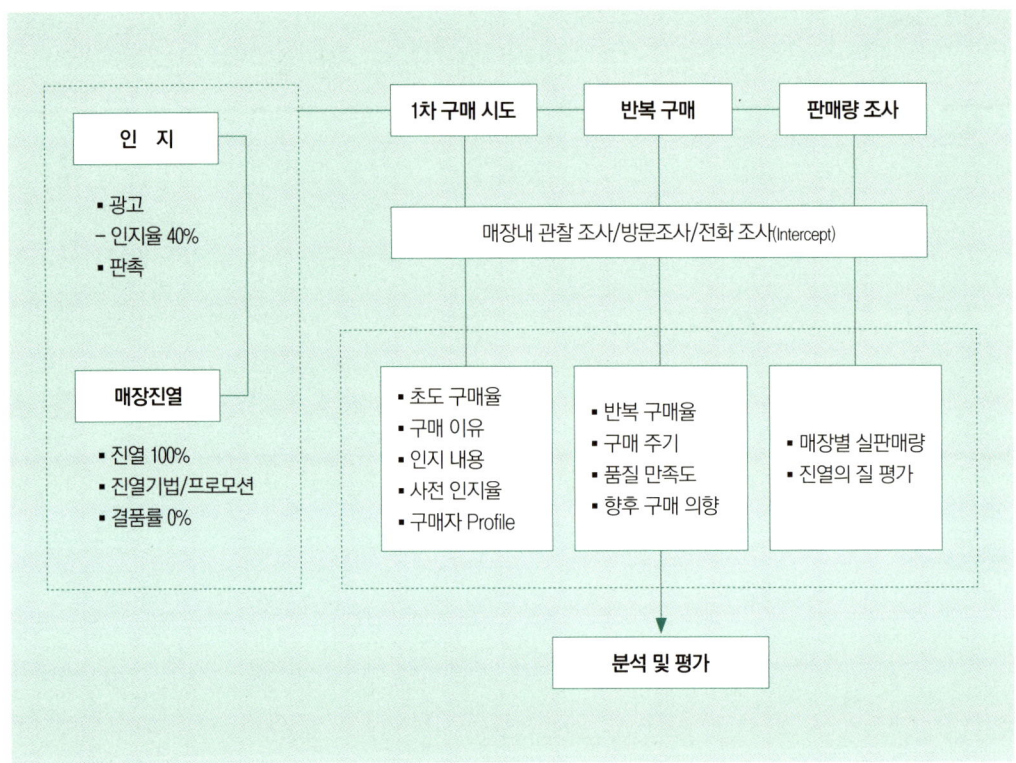

2. 테스트 마케팅 실시 방법

테스트 마케팅 실시 방법

실시지역의 한정	- 상품특성, 지역별 판매망의 강약, 커뮤니케이션 전략 등을 감안하여 목표대상에 맞추고, 대표성이 있는 지역 선정
실시기간의 결정	- 광고활동에 의한 실수요 연결 효과가 반복구매의 발생상황을 알 수 있는 정도의 기간(6~12개월 정도) ※ 국내 시장은 특성상 기간을 더 단축할 필요가 있음
대상의 결정	- 취급점포 : 그 지역의 10% 정도를 판매할 수 있는 만큼의 소매점 수 - 소비자 : 잠재수요 및 실수요자를 이원화하여 조사
효과의 측정	- 판매점이나 소비자에게 개별 직접 면담 - 조사시기는 신제품 발매 직전, 신제품 발매 직후, 테스트 마케팅 기간중 정기적으로, 테스트 마케팅 종료시 등으로 한다. - 조사대상자는 매회 변경하는 것이 바람직하며 테스트는 실제 판매와 똑같이 될 수 있도록 해야 한다.

조사내용

소비자	- 제품의 혜택과 특성이 소비자에게 어떻게 받아들여지는가 - 상표, 디자인, 포장 등의 평가는 어떠한가 - 가격은 적당한가 - 구매의향이 있는가(가장 중요한 항목으로 신제품 수용성을 단적으로 표시) - 사용후의 반응은 어떠한가 - 전체적인 종합평가는 어떠한가 - 사용평가(전체평가/속성별 평가/장점·단점/현재 사용제품과의 비교/제품 사용 전후의 평가의 차이/가격평가/구매의향 등) - 초기 구매율, 반복 구매율, 반복구매이유, 구매주기 등은 어떠한가
소매점주	- 기존 제품과 어떻게 다르게 느끼는가 - 점두에서 쉽게 눈에 띄는가 - 어떤 소비자가 선호하는가 - 유통단계에서 장애요인은 없는가 - 제품과 판매의 방법에 문제는 없는가 - 어느 정도 판매를 예상하는가

소매점주는 점포입장에서만 자기에게 유리하게 평가하는 경향이 있어 부정적인 의견도 충분히 음미하여 수용할 필요가 있다.

테스트 마케팅 실시 결과의 의의

① 출시하는 신제품은 소비자에게 최선의 제품이라고 단정할 수 없고 부분적으로 수정할 필요가 있다.

② 판매 예정가격이 신제품이나 시장도입 정책과 부합된다고 단정할 수 없다. 제품, 광고, 판촉 등을 종합적으로 판단, 가격을 좀더 고가로 할 수도 있고 저가로 할 수도 있다.

③ 제품이 좋아도 전체적인 균형(Balance)에 문제가 있을 수도 있다. 전체적인 통일성, 일관성 면에서 수정할 것을 검토해야 한다.

④ 시장에서 실제로 판매되는 경우 목표시장의 소비자 수요경향이나 기대이익에 100% 일치한다고 단정할 수 없다.

VII
마케팅 보고서

월별 핵심과제 수행 보고서

핵심과제	목표	현재 측정치	예산(백만)	집행액(%)	이슈	해결방안/다음 단계	기한

시장 조사 보고서

경쟁사 주요 신제품 보고서

경쟁사 제품 출시 배경

제품분석
• 단량 • 가격 • selling Point 및 장단점

마케팅 전략

• 목표시장 점유율
• 포지셔닝
  – 제품 concept
  – 핵심 target

이슈 및 대응방안

• 영향 분석
  – 해당 브랜드
  – 카테고리
 	
• 대응 방향

Launching 마케팅 활동

• 판매현황 및 소비자 반응
  – 점유율
  – 소비자 선호도
• 소비자 판촉 활동

유통 현황
• 감가 현황 • 경로별 침투율

유통 현황 보고서

판가정보					
		자사 브랜드	A	B	C
경로별	할인점				
	단위 슈퍼				
	대리점				
지역별		자사 브랜드	A	B	C
	서울				
	경기				

판촉정보		
	A	B
대상 경로		
행사 내용		
목적		
시사점		

고객 관련 이슈

제안 사항

소비자 관련 이슈

판촉 기획서

배경 및 목적

행사 개요
- 기간
- 대상 제품
- 대상 소비자
- 경로/지역

세부 추진 계획
- 방법

- 일정

비용 및 예산처리
- 총 비용

- 세부 내역

예상 매출/손익 성과
- 판촉시 예상매출

- 브랜드 지표 예측

판촉 인건비	
판촉 행사비	
행사 순이익	

판촉 결과 보고서

판촉 실행 내역

- 대상 제품

- 대상 소비자

- 경로/지역

- 기간

- 세부 판촉 추진안
  - 방법

  - 소요비용

판촉 계획 대비 매출/손익성과

- 판촉시 총 매출액

- 기타 브랜드 관련 지표

	실제치	목표치	차이
판촉 인건비			
판촉 행사비			
행사 순이익			

과거 판촉 효과와의 비교

이슈 및 시사점 도출

- 도출된 이슈
- 시사점

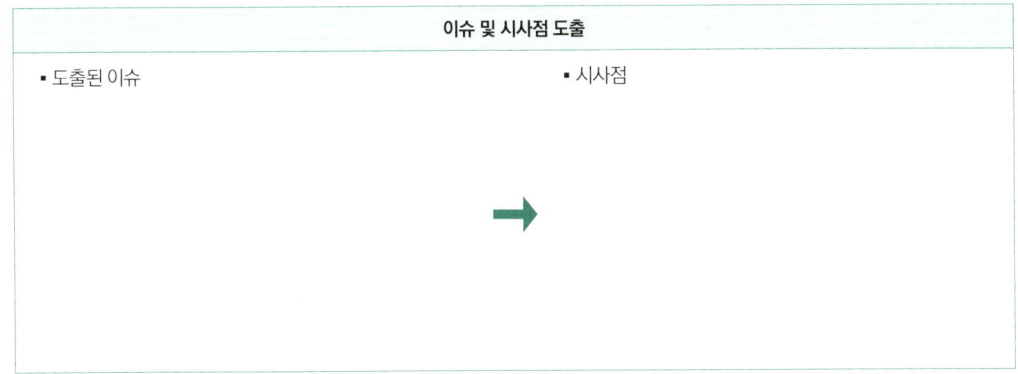

광고 제작 제안서

광고 제작 배경 및 필요성

- 시장환경 변화

- 현 광고에 대한 이슈
  - 제품 전략과의 일관성
  - 경쟁 적합성

광고목표

1.

2.

광고 제작안

대상 소비자	• 연령층 • 성향
Benefit	• 한가지 appealing point • Benefit 전달방법(모델/전문가/기술…)
미디어 전략	• 중점 미디어 • 노출 spot

소요비용 및 작업 일정

- 총비용

- On-air시점

작업 일정		담당부서	비용	예산비중	기한
	대행사 선정				
	광고 concept				
	Copy개발				
	Conti고안				
	모델 선정				
	1차 제작				
	평가				
	수정				

핵심 고려사항

- 제작상의 장애 요소

- 해결 방안

경영성과를 높이는
마케팅 실무 매뉴얼

2쇄 인쇄	2016년 03월 15일
초판 발행	2013년 11월 10일

저자	나종호
펴낸이	고봉석
펴낸곳	이서원
교정·교열	윤희경
편집디자인	이경숙
주소	서울시 서초구 신반포로 43길 23-10 서광빌딩 3층
전화	02-3444-9522
팩스	02-6499-1025
전자우편	books2030@naver.com
출판등록	2006년 6월 2일 제22-2935호

값	15,000원
ISBN	978-89-97714-16-2

ⓒ2013 나종호
잘못된 책은 구입하신 곳에서 바꾸어 드립니다.
저자와 출판사의 허락 없이 무단 전재와 무단 복제를 금합니다.

이 도서의 국립중앙도서관 출판시도서목록(CIP)은 서지정보유통지원시스템 홈페이지(http://seoji.nl.go.kr)와
국가자료공동목록시스템(http://www.nl.go.kr/kolisnet)에서 이용하실 수 있습니다.(CIP제어번호: CIP2013020982)